中国谋略之察人之术

孙颢◎编著

中国華僑出版社
·北京·

图书在版编目(CIP)数据

中国谋略之察人法 / 孙颢编著. --北京：中国华侨出版社，2010. 7（2025. 9重印）

ISBN 978-7-5113-0541-1

Ⅰ.①中… Ⅱ.①孙… Ⅲ.①人间交往—通俗读物 Ⅳ. ①C912.1-49

中国版本图书馆CIP数据核字(2010)第133337号

中国谋略之察人法

ZHONGGUO MOULÜE ZHI CHARENFA

编　　著：孙　颢

责任编辑：王慧玲

经　　销：新华书店

开　　本：710 毫米 × 1000 毫米　1/16 开　　印张：12　　字数：143 千字

印　　刷：三河市富华印刷包装有限公司

版　　次：2010 年 9 月第 1 版

印　　次：2025 年 9 月第 2 次印刷

书　　号：ISBN 978-7-5113-0541-1

定　　价：49.80 元

中国华侨出版社　北京市朝阳区西坝河东里 77 号楼底商 5 号　邮编：100028

发行部：（010）64443051

前言

有人说世界上最善良的是人，有人说世界上最残忍的是人，还有人说世界上最不可理喻的是人……总之，对于人的看法，众说纷纭。但是，有一点是众人共识的，那就是：人是一种相当复杂的高级动物。

作为群居社会中的一分子，我们每天都在和形形色色的人打交道。由于每个人的先天禀赋和后天经历的不同，使得每个人的性情、心理不一样，性格也千差万别。同时，由于人性上具有的弱点，在利益的驱使下，人们会戴上不同色彩的面具，把真实的自己隐藏起来，让人难以辨别真假。

看错人是极为容易犯的错误，也是最糟糕的错误。与人周旋，和与其他的事物打交道比起来，更需要慧眼察人相人，洞悉他人的内心。总之，我们必须时时刻刻面对一个相当复杂的人群，应该怎样识别他们呢？这就要求我们必须练就一双慧眼，能够准确地察人相人。

察人是一门深奥的哲学，我们必须像研究书那样深刻地研究人。就像西方心理学家弗洛伊德曾经说过的那样："任何人都无法保守他内心的秘密。即使他的嘴巴保持沉默，但他的指尖却喋喋不休，甚至他的每一个毛孔都会背叛他！"所以，人就好比一本书，只要我们能够掌握必要的“阅读”方法与技巧，我们是完全可以把人心当作书一样拿在手中阅读的。同时，我们也完全可以洞悉人的本性，进而能够用一种热情与自信的态度去面对芸芸众生。

一旦练就了识人的眼力与心力，读懂人性中的真相，具备了洞悉人心的本领，也就意味着你可以看透生活中发生的人与事，看破一个人的真伪。这也让我们能够从一个人的言谈举止中，观人于细致、察人于无形，轻而易举地识别他人，深入细致地了解他人的内心动态，体味人情世故的冷暖，并且能够分辨事情的真伪，比较准确地洞悉隐藏在一切假象后面的真相和奥秘。这样，我们才能够以不变应万变，冷静而坦然地面对各种挫折和磨难。同时，也才能够在纷繁复杂的社会关系中始终把握主动权，左右逢源、一帆风顺，顺利地绕过生活中的险滩，躲过四处碰壁的险境，干净利索地消弭危难，让自己更加从容地融入社会中，游刃有余地应对人生的各种挑战。

本书教你如何洞悉他人内心世界的技巧，从而轻轻松松识别他人的本质，同时也让我们的言谈变得更为得体、举止更为大方、处事更为机敏，能够洒脱自如地遨游于人生的广阔天地之间，并获得生活与事业上的双丰收。

目录

第一章

快速察人：迅速掌控人心的秘诀

第二章

相貌察人：通过外貌特征看性格

第三章

装扮察人：通过衣着打扮分析个性

第四章

言语察人：通过言谈语气洞悉本色

第五章

行为察人：通过行为动作探察心机

第六章

社交察人：通过社会表现探知心态

第七章
品行察人：通过品德行为判断本质

第八章
嗜好察人：通过兴趣爱好透视内心

第一章

快速察人：迅速掌控人心的秘诀

要在极短的时间内将一个人观察清楚，就要掌握一眼看透人心的诀窍，这就取决于你的慧眼。慧眼得于秀心，秀心得于“知心”——具有对人性本质和非本质的东西敏感而且能够把握的素质和技巧。

如何鉴别英才

用人的首要前提是一定要会“识人”。如果一个老板不会识人，对自己手下的员工各自的性格、特点、长处和缺点没有一个清楚的认识，那么他（她）又何谈正确地用人呢？可是，要迅速、全面而正确地观察出一个人的比较重要的各种素质，并非易事，这需要老板们对于察人法有着比较高的造诣。

中国自古以来就有察人法的存在，识人基本上是出于一种对人心理上的判断，与现代的心理学研究的问题有相通之处，但这与多少有迷信色彩的看面相儿不同。它主要是以相人为基础，进一步分析眼神、表情和举止动作等等一些细微的方面，从而得到对一个人综合性的判断。对于这些，说起来似乎神乎其神，不易做好，但只要具有足够的耐心和细心，也是可以具有一双慧眼的。

汉高祖刘邦年轻时做客吕公家，吕公见刘邦相貌奇特，当时就决定将其千金许配给他，那就是后来也闻名一时的吕后了。

三国时的桥玄，初见曹操便直断其有安百姓的才能。桥玄观察曹操的一言一行，心中便已明白此年轻人不简单，因而也就给了很高的评价：“卿治世只能臣，乱世之奸雄也。”也就是说曹操在太平无事的时候可以当一个能干的大臣，而在生逢乱世的时候就能成为世间的奸雄。据说曹操"闻言大喜"，认为桥玄是了解自己的人。而后来事情的发展也充分地证实了桥玄的预言。

要做好识人这一步，是需要坚持一些原则和要领的。老板识人，至少要掌握三大原则：

第一，从外部表现看内部实质

识人当然最初是从人的外部表现开始，但是却不能停留在外部表现，而要从一个人外在的表现看出他（她）内在的品性，这样做方才是正确的识人之道，然而这实在不是一件简单的事情。

人的外在表现一般包括人的精神面貌，体格筋骨，气质色相，仪态容貌和言行举止等。《人物志》共列出了九征，分别为神、精、筋、骨、气、色、仪、容、言。根据这九种外在的表征，可以看出一个人所具有的性情，从而了解他（她）的勇怯、强弱、躁静、缓急等等。

情性的重点在于情而不在于性，原因是情是由性生出来的，同时情也要受环境的感染，人人几乎各有不同。所有这些都决定了人情的变化相当繁杂，如果用分类法来加以区分和归纳，实际上都显得牵强而不够精细。但是，以简御繁，把人情归纳成几种简单的类型，仍然是十分必要的。例如《人物志》所采用的十二分法，便是把形形色色的人，根据性情归纳成十二种不同的类型，通过进一步分析其利弊，便可以为知人善任提供有力的参考，以便于老板对人才的明辨慎用。当然，这个过程需要不断地进行，只要老板有心这样去做，并在实践中不断积累察言观色的经验，是可以做到由外见内的。

第二，由显著表现看细微个性

我们做事情的原则，在于由小见大，由微见著。但是识人的要领，则在于由显见微。

有些人常常东张西望，心浮气躁；有些人则安如泰山，气定神闲。前者往往是拿不定主意、犹豫不决的人，而后者则很可能是临危不乱的高人。一个人的气质到底如何，很容易从他的容貌和姿态上看出来，无论是眼神、印堂还是眉宇之间，都会有显著的反应。

但是，作为一个老板，要从这些人所具有的明显特征中看出其细微的性格特征来，则并非一件容易的事。这尤其需要老板有丰富的经验、广博的学识和敏锐的观察能力。

第三，认识共同点，辨析不同处

看来看去，人似乎只有那么几种类型。然而只要再细加分析的话，也不难发现，其实同一类型的人，往往又具有各自不同的情性。从这些不同的差异中看出其共同的本质，固然对老板来说可以从整体上把握一类人的普遍共同点，能够从一个新的高度对人的类型有清醒的认识。但是从共同中要发现各自的差异，也是十分必要的。

例如历史上的王莽和诸葛亮，有很多相同的地方，但结果是王莽篡位，而诸葛亮则为蜀国鞠躬尽瘁，死而后已。如果老板做不到识同辨异，总是把王莽和诸葛亮混为一谈的话，那么最终倒霉的，只能是老板自己。

同样都是干事积极，劲头十足，有些人只是在瞎胡闹，看上去忙忙碌碌，其实什么成果也没有；而有些人则卓有成效，一件一件的事情都安排得井然有序，成绩斐然。也同样都是能言善道，有些人只是在空口说白话，虽然口若悬河，滔滔不绝，但是如果真把什么事情交给他（她），那一定不会有什么好结果；而另一些人则说话算数，说到做到，办起事情来相当可靠。

所以老板要能分清这些人，才能有效地使用人才，走向成功。但是还有一类人是最可怕的，这类人往往缺乏定性，一会儿如此，一会儿又不是如此，令老板捉摸不透，对于这种人，老板也最好不要信任他（她），否则也只能是自吞苦果。

总而言之，老板如果想要探知各种人的内在本质，以做好识人这一步，那么就应该掌握以上三大原则，并依此对人的情性做深入细致的观察，然后再具体分析他（她）的优点和不足之处，对他（她）有一个十分具体而实在的把握，这样使用起来，都会胸有成竹，完成任务才会心中有数。

只有通过这样有总有分、总分结合的方式，老板才能既不失一般性，又不失特殊性地掌握各种人的本质，做到心中有数。当然，作为一个老板，千万不要期待任何形式的完美无缺，这无论在理论上还是现实上都是行不通的。老板用人，贵在知人长短，取其所长，避其所短，这样才能让每个人都充分发挥他（她）的才能，为公司作出最大的贡献。

如何读懂同事内心

生活中每个人总是承受着来自各方面的威胁。这些威胁绝大多数是隐性的，都是你很难体察到的，而且多数来自你的同僚。许多同僚对你的态度很和顺，有说有笑，你甚至已把他们当做了自己最亲近的人，把自己的所有情况，包括欢乐和悲伤，喜好和憎恶，都毫无保留地告诉了他们。但是，有些人往往并不会对你报以真心，在透彻明晰地了解你、洞悉你的弱点后却把它作为打垮你的利器，从而把能够构成他们的潜在威胁的你清除掉，这才是他们的目的，所有的一切都是一个圈套。而直到被他们打得落花流水，地位全无，一直沉浸在畅想之中的你才会如梦初醒。

围绕在你周围的有很多人，都表现得对你非常友善、肝胆相照，并且信誓旦旦地要和你一起合作，共同创造一片新天地。面对这种情况，你也许会无所适从，因为你无法确定哪个是真的，哪个是假的。但是，如果你真正地观察体验，真假还是很容易鉴别出来的：

（1）对方在倾听你诉说的时候是报以真诚的同情和感慨呢，还是目光闪烁，有时出现若有所思的样子呢？如果是后者，那么对方很可能是一个居心叵测的人。当然，这需要你去仔细观察他的言行并注视他的眼睛。

（2）仔细地回想一下，当你有意无意地想结束自己倾诉的时候，他是不是很巧妙地利用一些隐蔽性极强的问题重新打开你的话匣子呢？而且，你随后所说的内容又恰恰是容易被别人利用的东西。

（3）如果你偶然得知有人总是在不经意之中向你所亲近的人打听一些有关于你的消息，那么你最好疏远他们。

（4）有些笑容并不是很自然，而像是从脸皮上挤出来的。有时你觉得并没有丝毫可笑的地方，而对方却能够笑起来，这种人也要适当地多加小心注意。

（5）如果有些东西你觉得实在忍不住，不吐不快，那么你要尽量找一个自己亲近的人诉说一番，比如你的父母、妻子甚至孩子。这会缓解你心中的郁结，减少情绪上的大起大落。

现代生活的交际令你随时都要面对着各种人，如何与这些人相处，怎样了解他们是何种性格的人，是摆在你面前的首要问题。

交换名片，是彼此传达身份信息的一种手段。但是有的人即使在非正式的场合中，也喜欢递出名片。在公共汽车上、小吃店偶然邂逅朋友、熟人，也要拿出一张名片，甚至到酒吧喝酒时，都不忘给服务员名片。这些人动不动就拿出自己的名片是因为他们在评价对方时，很易受对方的工作、职位或学历等所左右，由于这种心理的投射作用，也喜欢在自己的名片上印自己喜欢的、认为别人会对自己另眼相看的各式头衔。当他们拿出名片交给对方时，便判断对方一定也会把自己捧得高高在上。但事实上人们并不都是用头衔来判断一个人。相反的，他们的这种举动反而更容易让别人发现他潜藏于心的自卑感。

常见有人喜欢向同事问东问西，而其询问的内容不外乎是与自己有关的事情或人。这是因为这些人无法适应自己的工作环境，如果要适应的话，他们就必须使自己的价值观和生活方式与环境协调，才能使自己安心。当然他们也有志成为其中的一员，但只是有这种想法，却无法付诸实行。在心有余而力不足的情形下，自己的理想和现实产生差距，这种差距就造成了自卑感。只要一触及自身这类较敏感的问题，他就会感到强烈的不安。

有的人常喜欢毛遂自荐，即使明知自己无法胜任，他们也硬要推销自己。但有的人却恰好相反，明明有个让他们一展才华的机会，却退缩迟疑。后者这种看似谦虚的美德，实际上是源于他们害怕暴露自己的弱点。

其实他们也有自己的理由，并非因为他们喜欢畏缩，只是这种人对自己太没自信了，但只要能够确认自己有能力，他们一定会着手办理，不须他人要求。另外并不是说这种人的理想过高，而是指这些人尚未建立与公司的同一性，他们认为自己不是公司里的专家。更简单地说，这种人还没有彻底适应其工作场所。由于感受到现实与理想的差距，他们就会认定有许多困难存在，因而畏缩不前。

行事认真的人，也许办事的速度不快，但由于他们不会敷衍了事、半途而废，所以完成的工作，定能博得他人的信赖。

有的人办事不仅认真，甚至还吹毛求疵，这就有点矫枉过正了。办事过于认真的人，从办公室的桌子就可以看出：他们的桌子总是摆放得整齐规矩。

若有人在他不在时，顺手借用他桌上的东西，即使过后再放回桌上，他一眼就能看出东西有人动过，会很不高兴地表现出来。这种行为，除了会令周围的人神经紧张外，他自己也会为此而苦恼。

这些人很清楚自己过于过分认真的行为并不合乎常理。若从单纯角度来看，一定会认为既然他自己也知道不合理，只要改正不就好了？可是问题是他们根本无法改变自己，如果他们中止了这些行为便会失去平衡。

这种行为，是心理学上典型的“强迫观念”：有这种行为的人，常给别人一种神经质的印象。

有拒绝上学倾向的孩子，一旦远离了父母的保护，成长为有自我判断力的社会人后，通常会以较宽容的态度对待自己、对待别人。但此时另一种被人忽略，类似学生的拒绝上学症的心理——拒绝上班症出现了。

为什么有人会产生这种心理呢？这是因为他们有一种想从自己必须完成任务的现实环境与组织中逃脱出来的心理。而此逃避的倾向，就是因为他们认为自己所属的组织（也可以说是他们的工作单位）中的人际关系是一种负担，这种负担构成了精神压迫，紧紧围着自己而摆脱不得，进而使得他们拒绝上班。

主要的原因，是因为他们与工作场所中的气氛不能协调。换句话说，就是其内心与工作场所有差距。

基于此，这些人自觉无法忍耐这种差距，只好采取一种特殊行为填补这种差距，结果愈加精神紧张。当自我忍受不了时，他们就会想逃离工作场所。由此可知，这种人一定是尚未确立自我，且未完成与工作场所的统一性。

在任何团体中，总有一两个八面玲珑的人，虽然他们的表现方式各有不同。

这类人的典型行为是，他们能轻易地和陌生人打成一片，在同事聚会等活动中，往往是别人最常邀请的对象，对这点他们相当自豪。但他们很少想到，其实大多数的人，只有在无利害冲突的情形下才会邀请他们。

造成此种行为的原因，是这些人始终对自己的存在价值不明确，亦即他们尚未确立自我信念，因此容易接受他人的想法、价值观，但也因此给人左右逢源的印象。

站在这个角度观察，这些人明朗快活的背后，隐藏着一份悲哀感，他们内心是很孤独寂寞的。

如何识别自己的老板

进入职场，为人打工，不比自己开店，万事好商量。在公司中，你不仅要跟同事处好关系，还要与老板和谐相处，否则得罪了老板，那在公司内绝对很难再立足，因此就要求我们要清楚识别老板的类型，然后再对症下药，与老板处好关系。而你想要识别自己的老板，辨清他属于什么类型，了解他的个性，这儿有一个不二法门，那就是俗语所谓的“跟官司要知道官司贵姓”。这就是说，当员工想跟定哪一个老板之后，必须立即对这个老板进行全面了解。

（1）怎样与听信谗言的老板相处

为了不至于和老板发生冲突，并且使他明白你是受到了谗言的陷害，你可以这样去做：

运用一定的技巧为自己洗刷清白，破除谗言对你的中伤和陷害。某些人向老板进谗言诬陷你，偏偏老板又听信了谗言，这样的情况对你非常不利。但是，你不要担心，应该拿出勇气来，以积极的态度与其斗争，采取技巧揭穿事情的真相，还自己一个清白。

面对老板对自己莫名其妙的、突然的冷淡疏远，或在会议上不点名、暗示性地批评你，甚至故意制造工作中的矛盾为难你、制裁你时，你应当有勇气主动找老板谈谈心，问清缘由，说明真实的情况。凡事假如拿到桌面上，坦率地、公开地说清楚，往往会收到较好的效果。回避的态度、忍气吞声的做法，只会使自己笼罩在一层迷雾中，加深老板对你的误解，加大双方之间的隔阂。因此，应当敢于正视面临的困境，努力想办法摆脱被动的局面。

变被动为主动。假如确切无疑地知道了谁在背后向老板进谗言陷害你，你可以在老板没找你之前先找到他，把一切实情坦然地相告，这样就可以变被动为主动了。另外，为了制止进谗者继续造谣生事，应当再凛然正色地找到这位当事人，以暗示的口气给其以必要的警告。但不要完全说明，因为他是不会承认的。这类人往往心虚，你一找他，他就明白是怎么回事。他们都习惯于背后捣鬼，因此，也不愿公开撕破脸皮，不愿发生使双方都难堪的正面冲突。假如对方是一个非常泼悍无礼的小人，则要避免与其正面打交道，而是策略地把话说给其亲朋好友，让他们转告给他，从而间接地制止他的恶劣行径。

（2）怎样与爱挑剔的老板相处

与爱挑剔的老板打交道是最令人头痛的事情了，由于他的存在，你经常会处于不自信的状态中，因为他老是打击你的情绪。比如，公函内容与字体格式是他告诉你的，等你拿给他签字的时候他又说这封信应该重打；明明你是完全按照他的吩咐去处理一件事情的，过后他又指责你办事不妥；你从事的是专业性很强的工作，可对你专业一知半解的老板偏偏对你的能力“不放心”等等。在挑剔的老板手下干活觉得自己浑身上下的汗毛都是竖着长的，左右都不是，怎么做都让他看不惯。

不管怎么说，碰到爱挑剔的老板，对下属而言，总是不利的。那么，该怎么办呢？以下几招不妨一试：

弄清老板的意图

当老板交给你一项任务时，你应问清他的要求、工作性质、最后完成的期限等等，避免彼此发生误解，应尽量做到符合他的要求。

设法获取老板的信任

如果老板处处刁难你，或许是担心你将来会取代他的位置。这时，你应尽自己最大的努力使他放心，让他明白你是一个忠诚的下属，你可以主动提出定时向他报告的建议让老板完全了解你的工作情况。一旦获得他的信任后，他便不会对你过分地要求完美的工作效果。

正视问题

不要回避问题，尊重自己的人格，不卑不亢。正视问题，尝试与你的老板相处，针对事情而不是针对个人。比如，老板无理取闹时，你应据理力争，抱着“错了我承认，不是我的错而要我承认，恕难照办”的态度，论理而不是吵架，让他感觉到你的思想和人格。

一个言行一致、处事有原则的人，别人自然不会小看，就算老板也不例外。

别太计较

不要对老板的挑剔或刁难过于计较，过去的就让它过去吧！应把工作的重点放在最重要的位置。老板是可遇而不可求的，假如眼前的这份工作能满足你的要求，比如，丰厚的薪水、优雅的工作环境等，那么你就不要放弃这份工作。假如你十分喜欢自己的工作，想在上面做一番业绩，那就尽量不要放弃目前的工作，不要把老板的人品与钟爱的事业同日而语。

（3）怎样与顽劣贪婪的老板相处

顽劣贪婪的老板私欲太重，就好比一个永远也填不满的无底洞，他的贪欲是没有止境可言的。这些人，慷国家之慨，中饱私囊，是社会的一大蛀虫。

遇到这样的老板，该怎样对待呢？

按原则办事

照章办事，坚持原则，是工作人员应遵守的纪律。不要因他曾栽培、提携过你，为感恩戴德，就放弃原则，与其同流合污。

如贪婪的领导想以巧立名目、偷梁换柱的方式满足私欲，你可用“财务检查不好过关”、“不好报账”、“审计太严格”等借口予以搪塞或回绝。使他感到你“不给面子”、“不好对付”、“难以打开缺口”、“太死板僵化”。屡次碰壁后，他就有可能有所收敛。当然，这样做要顶着极大的压力，冒着遭受打击排斥的风险。但假如你应允了，就会越陷越深，其后果是不堪设想的。因此，要有勇气顶住压力，坚持原则，坚信“多行不义必自毙”这个亘古不变的真理。

多留个心眼儿

假如迫于老板的压力，不得不按照他的意思去办，但自己要多留个心眼儿，把一些可疑的地方悄悄记在本子上，一旦事态败露，作为证据立即交出。假如掌握了老板贪赃枉法的确凿证据，可采取匿名的方式，向有关部门打电话或写信举报。这样不但可以为民除害，同时也减轻了自己所受到的压力和威胁。

（4）怎样与自私的老板相处

自私的老板往往考虑的只是他自身的利益，他从不站在集体的立场上考虑问题，更不会替下属着想。为了满足他自身的利益，他可以置集体或下属于不顾，甚至不惜牺牲集体或下属的利益。在与自私的老板相处时应该注意：

洁身自好

不能为虎作伥，这种自私的人什么事都做得出。他可能把得到的私利分你一半，但在引起众怒的时候，也会把你抛出去当替罪羊。老板的任职毕竟没有你的名声长久，故不可与之同流合污。

用沉默表示抗议

假如他的所作所为实在过分，可用沉默表示无言的抗议，聪明的老板会领会下属沉默的含意。“沉默是金”，沉默有时会成为有力的、强大的武器，沉默会给人以压力，聪明的老板在这种无形的压力面前，会静下心仔细思考自己的行为，最终认识到自己的过错而罢休。巧用沉默，是我们对待自己的老板的有效手段。

有原则地代上司受过

我们毕竟是下属，下属与老板所处职位不同，所受压力便不同，所承担的责任也不同，所能承受的错误自然也不同。下属代老板受过，可以说在现在已成为一条不成文的规定，而且从中我们会受到老板的感激，也许以后的路更会好走一些，因此我们可以替上司受过，但一定要有原则。对于某些情况而言，下属绝不要轻易代老板受过，如非常重要的恶性事故，造成重大经济损失或政治影响的事故，以及一些已经触犯到法律的事情，在这些情况下，假如你仍然为顾全老板的面子而做掩饰，甚至把责任揽到自己头上，其后果是不堪设想的，这会害了你自己，为这样的老板付出牺牲太不值得了。

（5）怎样与阴险的老板相处

这样的人做了你的老板，可真是你人生的大不幸。稍有不慎，你就有可能成为他的报复对象。与这样的老板相处，只有兢兢业业，一切唯老板马首是瞻，卖尽你的力，隐藏你的智。卖力易得其欢心，隐智易使其轻你，轻你自不会防你，轻你自不会忌你。如此一来，或许倒可以相安无事。像这种地方终不是好的久居之所，假如希望有所表现的话，劝你还是从速做远走高飞的打算。

（6）怎样与傲慢的老板相处

一些人之所以显得傲慢，不可一世，是因为他具有别人无法攀比的优越条件，或者是高人一筹的才智。傲慢的人最容易刺伤别人的自尊心，很让人反感。

假如你的老板是这种人物，与其取宠献媚，自污人格，不如谨守岗位，落落寡合。这样，他人虽然傲慢，但为自己的事业计议，也不能专蓄那些食利的小人，完全摒弃了求助的君子。一有机会你就该表现出你独特的本领，只要你是个人才，不愁他不对你另眼相看。

如何看清小人真面目

小人，人“小”能量大，千万不能小瞧。同小人办事假如处理不好，往往吃亏的是自己。

“小人”并没有特别的模样，脸上也没写着“小人”两个字，有一部分小人甚至还长得既帅又酷，有口才也有真才，一副“大将之才”的模样。

但是，小人还是可以从其行为中分辨出来的。

从总体而言，小人就是那些做人、做事不守正道，以采取邪恶的手段来达到自己目的的人。因此，他们的言行一般有一定的特点。

造谣生事者，他们的造谣生事都别有目的，并不是以此为乐。

挑拨离间，为达到自己的某种目的，他们可以用离间去挑拨同事之间的感情，制造他们之间的矛盾，好从中取利。

阿谀奉承，这种人虽不一定是小人，但这种人很容易因得上司所宠，而在上司面前说别人的坏话，并且很有杀伤力。

阳奉阴违，这种行为代表他们这种人的办事风格，因此他对你也不能实实在在。

趋炎附势，谁得势就依附谁，谁失势就抛弃谁。

踩着别人的肩膀前进，利用你为其开路，而你的牺牲他们是不在乎的。

落井下石，你如果不小心掉进井里，他会往井里扔几块石头。

推卸责任，明明自己有错却死不承认，硬要找个人来背罪。

事实上，小人的特点并不止这些，总而言之，凡是不讲法、不讲情、不讲义、不讲道德的人都带有小人的性格。

和“小人”办事讲究以下几个原则：

保持距离，千万不要和小人们过度的亲近，保持淡淡的同事关系就好了，但也不要太过于疏远，好像不把他们放在眼里似的，否则他们会这样想：“你有什么了不起的？”接着他们就该算计你霉了。

不得罪，一般而言，小人比“君子”更敏感，心理也比较自卑，因此，千万不要在言语上刺激他们，也不要在利益上得罪他们，特别是不要为了“正义”而去揭发他们，那只会害了你自己！自古以来，君子往往斗不过小人，因此，小人为恶，让有力量的人去处理吧！

小心说话，说些“今天天气不错”不关痛痒的话就可以了，假如谈了别人的隐私，谈了他人的不是，或是发了某些牢骚不平，这些话绝对会变成他们兴风作浪和有必要时整你的资料。

吃些小亏，小人有时也会因无心之过而伤害到你，假如是小亏就算了，因为你找他们不但讨不到公道，反而会结下更大的仇。

不要有利益瓜葛，小人经常成群结党，霸占利益，形成势力，你千万不要靠他们来获得利益，因为你一旦得到利益，他们必会要求相当的回报，甚至黏着你不放，想脱身都不可能。

并不是说做到了以上几点，你与同事中的小人们就彼此相安无事了，但至少你可以把小人对自己的伤害降至最低。

如何读懂下级人心

历史上，伯乐善于相马，然而“千里马常有，而伯乐不常有”。世间上，有才华、有能力的人很多，只是善于相人而又懂得用人的人，恐怕并不多。所以，做主管的人，除善于相人之外，更要善于用人，这才是最重要的。相人之术有四点：

第一，以利诱之、审其邪正；

第二，以事处之、观其厚薄；

第三，以谋问之、见其才智；

第四，以势临之、看其能力。

“相由心生，貌随心转”，一般的江湖术士算命，是从一个人的相貌来断定一个人的命运与未来。其实，人的命运不在相貌上，而在他的心地与行为上，所以真正会相人的人，要看这个人的心术正邪、待人厚薄、才情胆识如何。

第一，以利诱之、审其邪正。“君子临财不苟得，小人见利而忘义。”所以要知道一个人是正人君子或是奸佞小人，可以用重利来诱惑他，看其态度、反应如何。如果是有道之人，对于无端而来的利益，他会一分不取，表现正直的本性；如果是无德之人，有一点小小的利益，他就如蝇逐臭，不顾一切，趋之若鹜。所以，是君子、是小人，利益之前，无所遁形。

第二，以事处之、观其厚薄。厚道的人，处事宁可自己吃亏，绝不以自己之长来彰显他人之短；薄德的人，遇事但求有利于己，不管他人的名誉是否受损。所以如果要知道一个人的道德厚薄，只要跟他相处共事，从他的行为，就能看出其人格之高下。

第三，以谋问之、见其才智。有智能的人，胸藏兵甲，腹有韬略，做事懂得安排计划，尤其善于出谋划策，如果你问计于他，他会有很多中肯的意见；如果是一个才智平庸、没有智能的人，胸无点墨，既说不出一点道理，也没有半点能耐。所以一个人的才智如何，看他谋事的能力即可。

第四，以势临之、看其能力。一个人如果能力不高，容易滋生事端；有能力的人，才能承担大任。要看一个人的胆识如何，可以用权力来逼迫他。领导者要知晓下属能力，可以故意把事情搞得很复杂，然后让下属去判别。这样，领导者在不经意间更易识得人才。

这里有一个典型的事例。李德裕少时天资聪明，见识出众。他的父亲李吉甫常常向同行们夸奖李德裕。当朝宰相武元衡听说后，就把他召来，问他在家时读些什么书？言外之意是要探一探他的心志。李德裕听了却闭口不答。武元衡把上述情况告诉给李吉甫，李吉甫回家就责备李德裕。李德裕说："武公身为皇帝辅佐，不问我治理国家和顺应阴阳变化的事，却问我读些什么书。管读书，是学校和礼部的职责。他的话问得不当，因此我不回答。"李吉甫将这些话转告给武元衡，武十分惭愧。

有人评论说："从这件事便可知道李德裕是作三公和辅佐帝王的人才。"长大以后，李德裕真的做了唐武宗的宰相。

智慧之人会从扑朔迷离中判明真实情况，这种方向感有助于在实际的处事中保持清醒的头脑和敏锐的眼光，从而洞察事情的本质。这是领导者必具的才能，也是领导者选人应参照的一个重要因素。

有勇，诚是可嘉；有智，实也难得，但要有大智大勇之才，则是不易。领导者若能识出大智大勇之才并加以任用，必然会给自己的事业带来巨大的帮助。因为智勇双全之才，一方面有过人的谋略，在办事之前定经过一番周密的算计，对以后的行动有全面的指导；另一方面，还有敢于拼搏敢于进取创新的勇气，而这往往又是许多人才所欠缺的。

南北朝时，北齐的奠基人高欢为试验他的几个儿子的志向与胆识，先是给他们每人一团乱麻，让他们各自整理好。别人都想法整理，唯独他的二儿子高洋抽出腰刀一刀斩断，并说："乱者当斩。"高欢很赞赏他的这种做法。接着，又配给几个儿子士兵让他们四处走走，随后派一个将军带兵去假装攻击他们，其他几个儿子都吓得不知怎么办，只有高洋指挥所带的士兵与这个将军相斗。将军脱掉盔甲说明情况，但高洋还是把他捉住送给高欢。高欢很是称赞高洋，对长史薛淑说："这个儿子的见识和谋略都超过了我。"后来高洋果然继承高欢的事业，成为北齐的第一位皇帝。高欢以是非识人，确实成功，而高洋也以自己的大智大勇成就了一番霸业。

如何明白对手的类型

每个人的爱好、想法都不一样，所以我们经常遇到的对手也各不相同。

与人交涉时，倘若能够明白对手属于何种类型，应付起来就比较容易了。现在列举几类人供大家参考：

（1）傲慢无礼的人。有些人自视甚高、目中无人，时常表现出一副“唯我独尊”的样子；像这种举止无礼、态度傲慢的人，是最不受欢迎的典型。但是，当你不得不和他接触的时候，你该怎样对付他呢？

某个单位的一位负责人，说话虽然客气，眼神里却有些许的傲慢，且不带一丝笑意，这种人实在是很不好对付的，当初次会见他的时候，给你的感觉是有一种“威胁”的存在。

对付这一类型的人，说话应简洁有力才行，最好少跟他啰唆，所谓“多说无益”，因此，你要尽量多加小心，不要给自己带来不必要的麻烦。

不要认为对方对你很客气，就礼尚往来地待他，实际上，他多半是缺乏真心诚意的；你最好在不得罪对方的情况下，言词尽可能做到“简省”。

当然，任何一个人都有自己的立场和苦衷，这位负责人可能自觉“怀才不遇”，或怨恨自己运气不好、无法早点出头；又由于其在社会上摸爬滚打甚久，城府颇深，故尽管不受领导眷顾，也会在“保卫自己”的情况下，与人客气寒暄。因此，我们只要同情他，而不必理会他的傲慢，尽量简单扼要地交涉就可以了。

（2）沉默寡言的人。与不爱开口讲话的人交涉事情，实在是十分吃力的任务；因为对方太过于沉默，根本就没办法去了解他的想法，更无从得知他对自己是否具有好感。

曾有一位新闻记者，为人沉默寡言，怎么看也不像是个记者。无论你与他说什么，他总是以沉默回答，你真是拿他没有办法。当有人给他介绍广告客户的时候，他也只是淡然地说声：“哦！是这样啊。”然后手持对方名片，呆呆地看着。

对于这类型的人，你最好采取直截了当的方式，让他明白表示“是”或“不是”，“行”或“不行”，尽量避免迂回式的谈话，你不妨直接地问：“对于甲和乙的两种方案，你认为谁的方案比较好？是不是甲的方案好些啊！”

（3）死死板板的人。这类型的人，就算你很客气地与他打招呼、寒暄，他也不会作出你所预期的反应来。他一般不会注意你在说些什么内容，甚至你会怀疑他听进去没有。

与这种人打交道，刚开始多多少少会感觉不安，但这实在也是没有办法的事情。

遇到这样的情况，你就要花些工夫，仔细观察，注意他们的一举一动，从他们的言行中，寻找出他们所真正关心的事情来。你可以随便和他们闲聊，只要能够使他们回答或产生一些反应，那么事情也就好办了。接下去，你要好好利用这一话题，让他们充分表达自己的意见。

每一个人都有他感兴趣和所关心的事，只要你稍一触及，他就会滔滔不绝地说，此乃人之常情，因此，你必须好好掌握并利用这种人性心理。

（4）顽固不通的人，顽强固执的人是最难应付的，因为不论你说什么，他都听不进去，只知道坚持自己的意见，死硬到底。与这种顽固分子交手，是最累人且又浪费时间的一件事，而结果往往徒劳无功。所以，在你和他交涉时，千万要记住“适可而止”，否则，谈得愈多、愈久，心里也就愈不痛快。

对付这类型的人，你不妨及时抱定“早散”、“早脱身”的想法，随便敷衍他几句，不必耗时、费力，自讨没趣。

（5）草率决断的人。这种类型的人，乍看好像反应很快，他经常在交涉进行至最高潮的时候，忽然妄下决断，予人“迅雷不及掩耳”的感觉。由于这种人多半是性子过于急躁，因此，有的时候为了表现自己的“果断”，决定就会显得随便而草率。

由于他们的“反应”太快，每每会对事物产生错觉和误解。其特征是：没有耐心听完别人的谈话，往往“断章取义”，自以为是地作出决断。

如此虽使交涉进行较快，但草率做下的决定，多半会留下后遗症，招致意料不到的后果。

假如遇到此类型的人，最好按部就班一步一步来，把谈话分成若干段，说完一段（一部分）之后，马上征求他的同意，没问题了再继续进行下去，如此才不致发生错误，也可免除不必要的麻烦。

（6）深藏不露的人。我们周围存在着很多深藏不露的人，他们不肯轻易让人了解其心思，不愿让人知道他们在想些什么，有时甚至说话不着边际，一谈到正题就“王顾左右而言他”。

当遇到这样一个深藏不露的人时，你只有把自己预先准备好了的资料拿给他看，让他根据你所提供的资料，作出最后的决断。

人们多半不愿将自己的弱点暴露出来，即使在你要求他给出答案或判断的时候，他也会故意装作不懂，或者闪烁其词，使你对他有一种“高深莫测”的感觉。其实，这只是对方伪装自己的手段而已。

（7）行动迟缓的人。对于行动比较缓慢的人而言，最需要的就是耐心。

你与对方交流的时候，或许也常常会碰到这种人，此时你绝对不能着急，因为他的步调总是无法跟上你的进度，换言之，他是很难达到你的预定计划的。因此，你最好捺住性子，拿出耐心，尽可能配合他的情况去做。

（8）自私自利的人。这世上自私自利的人为数不少，无论你走到哪儿，总会遇到那么几个。

这种人心目中只有自己，凡事都将自身的利益摆在前头，如果要他做些于己无利的事情，他是不会考虑的。

他们始终在计算着自身的利益。正因为他们最看重数字，故有所坚持的，一定是自己的利益；至于其他事情，他们不会在意怎么做好它，只考虑怎样做才最省事。这种悭吝之徒，任谁都不会对他们产生好感的。

但是，当我们不得不与其接触、交涉的时候，只有暂时按捺住自己的厌恶之情，姑且顺水推舟、投其所好。当他发现自己所强调的利益被肯定了，自然就会表示满意，如此，交流就会很快获得成功。

（9）毫无表情的人。人的心态和感情，往往会通过脸部的表情显现出来，故在与人交流的时候，表情往往可供作判断情况的工具。

然而，有些人却是毫无表情可言的，也就是说，他的喜怒是不形于色的，这种人若非深沉，就是呆板。当你和这种人进行交际时，最好的方法就是特别注意他的眼睛和下巴。

常有人说:“眼睛是会说话的”，诚然，眼睛是灵魂之窗，“观其眸子”你自然可以知道他的心思。

往往，你可以从对方的表情中，看出他对你所持的印象究竟怎样?

有时候，自己会过分紧张，连表情都不很自在，此时，你不妨看看对方的反应：是不加注意、无动于衷？还是已然察觉、面露质疑？留意他的眼神，你一定可以得到答案。

有时候，适度的紧张和放松，也可以在交际中形成一种理想的气氛或局面。只是，当你明白对方的反应是受自己的应对态度所影响，进而影响到交际的结果时，就不得不特别注意、研究一下自己的言行举止了，尤其是脸上毫无表情的人更应注意才行。

如何了解朋友的类型

每个人结交朋友都应分清朋友的类型。下面是朋友的几种主要类型。

诤友型。诤，直言规谏。即在朋友之间敢于直陈人过，积极开展批评的人。奥斯特洛夫斯基说："所谓友谊，首先是诚恳，是批评同志的错误。"交诤友是正确选择朋友的一个重要方面。诤友，像一面镜子，能照出每个人身上的污点。

《三国志·吕岱》篇中有这样一个故事，吕岱有个好友徐原，"性忠壮，好直言。"每当吕岱有什么过失，徐原总是公正无私地批评规劝。徐原的这种做法受到了一些人的非议，吕岱却赞叹说："我所以看中徐原，正由于他有这个长处啊！"直言敢谏，言所欲言，指出朋友的过失或错误，这样才是对朋友真正的爱护。陈毅元帅曾写过两句诗："难得是诤友，当面敢批评。"《诗经》上"如切如磋，如琢如磨"的诗句，也是说朋友之间要互相帮助，互相批评。人非圣贤，孰能无过？有了过失，在别人的帮助下，则可以及时发现并得到改正。

导师型。在人生的道路上，如果得到导师型朋友的指点和帮助，就能使你少走弯路。

历史上不乏这样的例子，有的人竭尽平生之力，但在事业上却一筹莫展，结果朋友的一句话，会使他顿开茅塞。“与君一席话，胜读十年书”就是这意思。导师型的朋友往往在某一领域有着丰富的经验。科学史上戴维和法拉第的友谊，一直被人传为佳话。当法拉第成为近代电磁学的奠基人，誉满全欧洲时，他还是常对人说：“是戴维把我领进科学殿堂大门的！”可见，导师型的朋友常为困境中的友人指点光明的所在，常为在事业上做最后冲刺的友人送去呐喊和力量。

患难型。顾名思义，患难之交对人生的重要性丝毫不亚于经久的交往，尽管事过境迁，但友谊却与日俱增。他们相逢于危难之中，相助于困难之时。

相同的命运和遭遇铸造了强有力的友谊的链节，使友谊牢不可破。因为他们相交于人生的十字路口，即使在一起的时间十分短暂，但毕竟相互分享了忧愁和困苦，这会使友谊因基础牢固而地久天长。

异性型。古今中外，都流传着许多男女之间友谊的动人故事。俄国音乐大师柴可夫斯基和梅克夫人之间的友谊，便是其中一例。有一次，梅克夫人在听完柴可夫斯基的《第四交响乐》后，回家马上写信给柴可夫斯基，“在你的音乐中，我听到了我自己……我们简直是一个人。”

由于性别上的差别，一般来讲，男性刚强、勇敢；女性心细、富有同情心。在困难和挫折面前，女性需要男性的保护和帮助，男性则需要女性的安慰和体贴。因此，异性之间的友谊也可以像同性友谊一样密切，并可产生特殊的力量。

信息型。这类朋友交友甚广，从事新闻、资料和某种社会性工作，他们对新鲜事物有一种特殊的敏感，常被人称作“消息灵通人士”。在当今社会，信息已成为不可缺少的宝贵财富，众多信息报刊和沙龙的出现，就很能说明问题。据说有一位科研工作者花了近十年的时间，搞出了一项发明，后来才知道类似的产品早在十多年以前别人就已发明了，并申请了专利。这位科研工作者白白浪费了这么多时间和精力，如果当时有一位这方面信息灵通的朋友，事先把消息告诉他，就不会有这样的遗憾事了。

娱乐型。人，除了工作、学习之外，还需娱乐、休息。而且许多娱乐活动需要两人以上才能开展，于是，便产生了娱乐型朋友。德国近代蜚声文坛的大诗人歌德和席勒的友谊历来为人们称颂。他们两人经历不同，性格各异，但从 1794 年开始初交，直至 1805 年席勒去世，十载春秋，俩人情同手足，正是因为他们的友谊植根于兴趣和爱好相同之上。正如歌德所说："像席勒和我这样两个朋友，多年结合在一起，兴趣相同，朝夕晤谈，互相切磋，互相影响，俩人如同一人……这里怎么能有你我之分呢？"

人的生活岁月，主要由劳动时间和闲暇时间组成，兴趣和娱乐可以给事业增辉。值得一提的是，过去我们常把娱乐型朋友看成是吃喝玩乐的酒肉朋友。其实，这是一种偏见。

健康的娱乐活动能陶冶人们的性情，娱乐型朋友之间同样能建立真挚的友谊。随着人们物质文化生活水平的迅速提高，生活将变得更加丰富多彩，社交范围也势必随之扩大，娱乐型朋友必然会成为朋友中的一个重要类型。

如何看透他人的本质

一个卓有见识的人，即使在十分安全的地方，对生活中发生的不同寻常的事情或举动，都会居安思危，事先看透他人的真实居心，而采取未雨绸缪的防范之策。

春秋战国时期，赵国的国王赵简子想确立王位的继承人。于是赵简子便写了一篇训辞，并将训辞分别写在两块竹简上面，叫两个儿子各执一块，并要熟记训辞的内容。三天之后，赵简子将大儿子伯鲁叫到身边，要他背诵训辞，可伯鲁一个字也没有背出来；叫他把竹简拿出来看一看，伯鲁说早就弄丢了，现不知去向。赵王虽然不悦，但并未面斥。接着赵简子又把无恤叫来，叫他背诵训辞，无恤从头至尾一字不漏地背了出来，后问他竹简在哪里，无恤立即从袖中取出，并恭恭敬敬地奉呈赵王。赵王心里虽然高兴，但并未夸奖。通过这次考验，赵王了解了两个儿子的做事态度，认为无恤能够严守父训，做事认真，听从教育，勤谨有礼，便确立无恤为他的继承人。

与赵简子相反，出身农户的刘裕虽没有多少文化，却能够一统天下，他凭借的是自己的豪侠意气。

刘裕在东晋末年南北朝混战之际，崛起于行武，终其一生，戎马倥偬。这位靠战争登上皇位的农家子弟，勇武善战，胸有韬略，的确充满了“金戈铁马，气吞万里如虎”的英雄气概。刘裕曾在桓玄手下做一个小小的头目，当时桓玄已篡位，在私下，桓玄的夫人对桓玄说道：“依我看来，刘裕龙行虎步，风度不凡，恐怕不能为人下，不如早点除掉他，迟了恐怕养虎为患。”桓玄说：“我刚刚平定中原，目前正是用人之际，战时杀他对我没有什么好处。等北方平定之后，再作打算吧。”一个女了能够很快看出一个人的将来，是与她平素看人无数，得出的结论分不开的。只是等到桓玄“再作打算”的时候，刘裕早已羽翼丰满，率领他的人马向自已的帝王之路进发了，不出几年，便夺取了天下。

由此不难得出一个结论，锥处囊中，锋芒终显。一个有才能的人即使身处低位，也会通过言行举止表现出不凡来。这些不凡，是需要用心灵的睿智和慧眼去观察的。

那么，怎样才能了解一个人的本质呢？大致可以分以下几步来进行：

第一个阶段是描述性阶段，通过初步的接触、观察即能描述所观察对象的外貌特征、兴趣爱好以及文化水平程度、工作情况、社会地位等等。

第二个阶段是预测性阶段，即进一步了解观察对象的性格特点、思维特征、思想感情、为人处世的态度等等。此阶段不但能够准确地描述一个人，而且还能预测到一个人的行为。

第三个阶段是解释性阶段，即进一步对一个人的性格成因、生活经历、行为动机及心理基础等进行全面的了解与认识。此阶段不但能预测一个人的行为，同时还能解释其行为的动机以及性格的心理基础。由此，观察一个人，必须正确掌握观察的深度，特别是对一个未知的“陌生人”更不可盲目地下结论，只有通过多方面的认真考察，才能获得准确的了解。

通过三个阶段的融会贯通，人们可以很快地了解一个人的内心动态。从而推断一个人的未来与动向。虽然不少人行为反常、性格怪异，甚至表现为顽劣不堪，但明眼人一眼便能透过这表面现象看出他们的本来面目。

伟人与凡人，心力高超的人与智力平平的人，差别仅在咫尺之间。就是在那很微小的地方，有的人发现了重要的甚或石破天惊的事件，有的人却一无所见。因此，每个人都不可忽略小事，常常就是在小事上，就在对一个人举手投足的认识上，可以看出事物变化的真实情况。

第二章

相貌察人：通过外貌特征看性格

或许人可以控制自己的言谈与举止，但绝对控制不了自己的外貌。而外貌恰恰是人性格的显示屏，它能流露出比言行更为真实的信息。假如你能读懂他人的外貌，那么，你也就能了解他人的性格。

通过相貌来识别人的性格

相貌虽是人天生的，但专家研究发现，相貌与一个人的性格有着密切的关系。性格是指人对现实中客观事物经常的稳定的态度，以及与之相应的习惯化行为方式。一般情况下，性格的形成都会受到遗传因素的影响，但主要还是在后天的环境中磨炼出来的。并且，在定型之后，具有很强的稳定性，对人的行为也会产生极大的支配作用。

古人云，识人好的面色是：果断行事，面相威严，富有魄力，意志力坚强，无私正直，疾恶如仇；善于理财，有掌管钱财的能力；颧骨高耸，眼长而印堂丰满，贵享八方朝贡；颧骨高耸圆重，有权有势，从人依顺；颧高鼻丰并与下巴相对称，中年到老年有享不尽的福；脸颐丰腴，颧隆鼻高，晚年更为享福。

同时，古人认为不好的脸色是：颧高而鬓发稀疏的人老来会孤独；颧高鼻薄的人往往会被误认为高傲，或者低能；颧高脸颐瘦削的人，做事难成，晚年清苦孤独。

种种误解更增加了脸皮薄的人在交际中的困难。所以，他们在处理问题的时候，往往不敢大胆地去行事，宁愿选择消极应付的办法来解决问题。他们对工作常常持有但求无过的心态，怕担风险。然而，脸皮薄的人并非一无是处。一般而言，脸皮薄者为人倒是比较坚定可靠的，他们是好属下、好朋友、好同事，在特定的狭小范围内，还可以充任好的骨干。

人体貌文秀清朗，姿容朴实端庄，神情自若，是聪明睿智灵活机巧的人，做事有创造性和进取心；质朴而不清秀的人则性格内向，性情孤傲；体貌高大，仪表堂堂，生此相者，掌重权，具有很强的决断力和行动力；而厚朴稳重之相，性情温顺和气，行动老练持重。

具有体形孱弱、神色浑浊萎靡、两肩缩、脖子长、脑袋偏、脚歪斜、凶神恶煞特征之相的人，多属于心地狭窄、性情卑劣的人；体貌形状孤单瘦弱、削薄软弱的人，性情内向、怯懦、孤僻，意志薄弱，愚昧无知，为人处世没有主见，无所适从；粗俗鲁莽之相的人，性格反复不定，喜怒无常，不能自持。

长着孩子的脸形，却是年纪不小的成年人，虽然有未成熟的外表却有着老成的表现，看起来使人觉得不协调。此种类型的人，喜欢以自我为中心，而且个性好强，所以也可称为显示性格。

“中年发福”的人，大多正值体力最旺盛的黄金时代。他们能够很好地顺应周围的人情事势，给人一种温馨之感，他们多属于活动型的人。这种人虽然常施小计偷懒，但并不被人憎恨，他们中有一大部分人会被周围的人原谅，从而还颇受欢迎。活泼开朗、乐于助人、行动积极、善良而单纯是这类人的性格特征，他们经常保持幽默感，显得充满活力，同时也有稳重、温文的一面。这种类型的人，有很多是成功的政治家、实业家和临床医师。他们善解人意，头脑敏捷，拥有同时处理许多事情的才智，这是他们的最大长处。但是，由于考虑问题欠缺的一贯性，会造成常常失言，过于轻率，自我评价过高，喜欢干涉他人的言行等，则是其缺点。

头发也能反映人的个性

俗话说:“头发长，见识短。”这句话还是有一定道理的。科学研究发现，头发同人体的其他组织或器官一样，也需要营养，并且所需的营养物质种类有几十种之多。因为头发所需营养全部来自头部的血液循环，所以头发过长，所消耗的营养势必就多，大脑的正常生理活动就会受到影响。

从另一个方面来讲，根据每个人的发质不同，也能看出其性格来。

头发很粗，但色泽淡，而且质地坚硬，很稀疏的人。这一类型的人性格外向，有虚荣心，自我意识极强，刚愎自用，听不进别人半句话，他们不甘心被人领导，追求身心自由但却渴望能够驾驭别人，使唤别人，很少给别人自由。自私自利，没有容人的度量，目光比较短浅和狭窄，只专注于眼前，看不到长远的利益，如果不改掉这个毛病，一生将不会有大成就。

头发像钢丝，又粗又硬，而且还很浓密的人。这样的人性格内向，脾气暴躁，疑心比较重，不会轻而易举地相信别人。他们最相信的就是自己，所以凡事都要自己动手，操纵和掌握一切，才觉得放心。他们做事很有些魄力，而且组织能力也比较强，具有一定的领导才能。这一类型的人，理性的成分要大大地多于感性，所以在涉及感情方面的问题时，往往会显得很笨拙。

头发柔软，却极稀疏的人。这一类型的人，性格比较外向，头脑聪明，但没有主见，个性刚强，凡事都要争先，总是以自己为中心，他们喜欢出风头，更爱与人争辩，借此来吸引他人的目光，获得他人的关注。在他们的性格中，自负的成分占了很多，他们妄自尊大，不把任何人放在眼里，尽管自己在某些方面表现得不怎么样，但仍自我感觉良好。他们做事的时候，缺少必要的思考，常会做出错误的判断，而且还容易疏忽和健忘，往往把事情做得很糟糕。

头发浓密乌黑，还和胡须连在一起的人。这种类型的人是男性，性格鲁莽粗犷，耿直无私，豪放不羁，具有侠义心肠，疾恶如仇，喜欢多管闲事，好打抱不平，脾气大大咧咧的，有为朋友两肋插刀的义气。

头发浓密粗硬，却能自然下垂的人。这种人性格内向，心思比较缜密，优柔寡断，喜欢独处，比较敏感，往往能够观察到特别细微的地方。他们的感情比较丰富，虽然容易动感情，但对情感并不专一，属于那种处处留情的人。

头发浓密柔软，自然下垂的人。这一类型的人，大多性格比较内向，话语不多，善于思考。从某种程度上说，他们具有很强的耐性和韧性，这一类型人所从事的事业多是和艺术方面有关的。

头发淡疏，粗硬而卷曲的人。这一类型的人，性格沉稳，很有城府，有知识，思维比较敏捷，善于思考，并有很好的口才，能够很容易地说服别人。意志坚强，他们的性格弹性比较大，可以说，能屈能伸，能很快适应各种环境。但他们的能屈能伸是在坚守一定的原则和基础之上进行的，所以无论外在的东西怎样不断变化，其内在也有一些稳定不变的东西。

秃顶的人。这种人比较聪明，性格憨厚，善于思考，才思敏捷，为人处事随和大方，心地善良，比较务实，有很强的责任感。

头发自然向内卷曲，如烫过一样的人。这一类型的人，脾气大多比较暴躁，粗鲁无礼，敏感多疑，而且疑心比较重，总是患得患失，在犹豫和矛盾中挣扎，除此之外，嫉妒心还很重。

发根弯曲，发梢平直的人。这一类型的人自我意识比较强，处处炫耀自己，爱吹毛求疵，说话不经考虑，放荡不羁，厌恶被人约束和限制，不会轻易地向他人妥协。

由气质特征看人

一个人的气质与自身的行为有着密切的关系，气质往往决定一个人的行为方式，而其行为又表现为与气质相吻合的特征。辨别一个人所持有的气质，对于合理调配人的行为规范有相当重要的影响。

内在气质不好的人，无论怎样讲究，也表露不出美好的风度。比如，随便找来一位没什么修养和品位的家庭妇女，即使把她打扮得满身珠光宝气，她也显示不出那种雍容华贵的气质；有的人看上去仪表堂堂、神采奕奕，但一个微小的动作，就暴露出其不过是一个金玉其外、败絮其中的“绣花枕头”。这样的人，谁会认为他有气质呢？

有句谚语“穿龙袍也不像太子”说的就是这个道理。反之，有的人表面看起来其貌不扬，但所表现出来的气质却有一股难以抗拒的魅力。因此，气质不是打扮出来的，它需要人们在生活中不断地进行内在的培养。

从今天的观点来讲，人不是生而知之的，但人确实与先天的气质有一定的关系。要了解那些天生给我们带来的气质特征，对照下列内容可以观其大概。

积极型。勇敢刚毅，不轻易输给他人；在别人眼里，都认为他是一个有一定作为的人；不重利，认为得利必有失；坚信自己的信念；善于自我解释；经常积极参与活动，不受自己心情好坏的影响；动手能力较强，自我倾向性强；很难接受他人的意见；做事有一定的恒心，失败了不灰心，顽强奋斗，坚持到底；不受他人情绪好坏影响。

躁郁型。做事冲动，常办错事；经常被他人称为急性子的人；遇事不冷静思考，就立即采取行动；能与思维方法不一样、性格古怪的人轻松往来；乐意为别人服务；听到悲伤的话，立即会为之感动；服从分配，上司叫做什么就做什么；对初次见面的人很容易亲近；能轻松地与人谈笑、开玩笑；不别扭，不古怪。

分裂型。大家都娱乐的时候，他会因自己的某一件事而忧虑；不善于交际，独自一人也不寂寞；给人的印象是冷淡，不易亲近；宁愿多思考，也不轻易采取行动；呆呆地好像在思考什么问题；对他人的喜怒哀乐并不介意；进入一个新的环境中，不容易与他人亲近；有时会挖苦人家，但并非恶意；对任何事物总是从全方位的角度去深思理顺，不喜欢在某一规定的范围内去行动；有点神经质，对世俗的反应显得迟钝。

黏着型。与人交往过程中绝不矫情，正义感很强；做任何一件事情，一开始就孜孜不倦，有耐心；经常被人指责为不通融、不合群；做事毫不马虎；处理事物的时候，原则性很强，但方法不太科学；经常会勃然大怒；专心处理一件事情的时候，在未做完之前，其他事情一概不管、一律不过问；一方面积极，一方面保守；爱好洁净。

否定型。做任何事情都犹豫不决，没有决心做下去；内心再怎么烦恼，但其表情上不会表露出来；自卑感很重；不希望想的事情，偏偏要留在脑子里去想；即使是微不足道的一件小事，也常常表现出恐惧之感；自己做过的事情，时常会挂念在心里；对做过的任何事很少有满意的时候；已经过去的不顺利的事，还永远记在心里，闷闷不乐；意志消沉，没有耐心；应该说的，不敢说出来。

折中型。平时心情比较低落，但有人安慰时显得高兴、愉快、任性，说话表情有点过分；有时含着微笑讲话，有时却冷淡对人；时常会无缘无故地不耐烦、大发雷霆；相信道听途说，容易接受他人的暗示；喜欢华丽，好摆阔气；有时显得撒娇；多嘴多舌，但感情冷淡；喜好炫耀自我。

概括地说，气质既是内在的修养，又是外在的表现，人可以用知识来弥补气质上的不足，遮掩其中的缺点，并使优点发扬光大。

假如不能观察到这些气质特点，而仅凭一个人的长相选拔人才，那十有八九是会失误的。

察人从“头”开始

头是一个人的重要组成部分。事实上，大家可以从“头”开始，去了解一个人各方面的情况。头为人的神明之府，人的智慧都集中在头部。所以观头识人智慧应该说是比较科学的。

人们常说情急之下不顾“头”不顾“尾”，这本能的反映说明，头是一个人的重要组成部分，通过观察一个人的头部，能够了解到很多的信息，因为从某种意义上说，头就是心灵的指挥官。

首先是头的形状。

四方头。这样的人喜欢运动、性格活泼、精力充沛、不受拘束、追求自由、勇于探索，对野外运动情有独钟。他们不爱谈理论，而讲求实际，因此，一旦发表意见，就是非常有用的建议。

长方头。喜欢交际，擅长外交，态度温和有礼，友善和气，很聪明、机警。这种人如果想要达到目的，决不动用武力，而会用他的外交手腕、机智、计谋。他们中的大多数适合做一名外交家、推销员。

这种人致命的弱点是，缺乏应有的魄力与行动能力，往往是有计划而无实际的行动。通常是善于挣钱却不善于理财，钱在他们的手里常常不会成为升值的工具。

圆形头。这种人永远是乐观的，对一切都感到安然惬意。是和蔼、幽默、可亲可敬的标志。在生活中，这种人天生喜欢享受，喜欢吃，喜欢睡，结果身体肥胖且懒惰。假如女性有这种头形，倒成为男人追逐的对象。这种人们最适合从事行政、管理、财会等职业。

三角头。此头型的人前额高而宽，下巴尖，脸型如一个倒三角形。智商高，勤于思考，善于逻辑推理，爱好读书及绘画、音乐等，创造力很强。由于不愿意到户外去活动，因此，常常会感到体质较弱，整日处在无精打采的精神状态下。他们不喜欢体力劳动，有拍案而起的气魄，易冲动。

新月头。其最大的优点是谨慎，他们从不盲目听信他人的话，沉着冷静，一般不会鲁莽行事，而且往往办事比较果断。他们办什么事情，都前思后想，属于一旦行动，就会成功的人。

平直头。拥有这种头型的人，如果鼻梁再挺一些，那么他们就是智慧型人才，往往是成功之相。假如鼻梁下陷，鼻孔上仰，那么就会是愚人之相，研究表明，这样的人反应比较迟钝，无论做什么事情，失败的可能性比较大。他们也可能小有成就，但屡有波折。

其次是头部动作的内涵。

将头部垂下成低头的姿态，它的基本信息是“我在你面前压低我自己”，但这不限于居下位的人。当同事或居上位者做此动作时，它的信息乃是以消极的方式表达“我不会只认定我自己”，然后变成这样的信息：“我是友善的。”

头部猛然上扬然后回复一般的姿态。这动作实际是初遇但还不十分接近时，它表示“我很惊讶会在这见到你”。惊讶是关键性的要素，头部上扬代表很吃惊的反应。用于距离较远时，头部上扬是用在彼此十分熟悉的场合，其时机是当某人突然明了某事物的要旨而惊叹“哦！是的，那当然”的一瞬间。

颈部把头猛力转向一侧，再使它回复中立的位置，这是单侧的摇头，同样传递“不”的信息。头部半转半倾斜向一侧是一项友善的表示，仿佛是同路人打招呼，传递的信息是“你与我之间，这蛮好的”！

颈部使头部从感兴趣之点往侧面方向移开，这基本上就是一项保护性的动作。或把脸部移开以回避对身体有威胁的事物，在特殊情况下，这个动作可借着掩饰脸部而隐藏自己的身份。

颈部驱使头部向前伸并朝向感兴趣的方向。这个动作既可满怀爱意，也可满怀恨意。前一种情况是：两个相爱的人，伸长脖子深情专注地凝视对方的眼睛；后一种情况则像两个冤家伸长脖子，探出头部以表示他们不畏惧对方，而且瞪视对方如同洞察对方的眼睛；第三种情况则出现在某人渴望吸引你全部的注意力之时，因此，他会探出他的脸，以阻挡你去看其他任何可能吸引你的东西。

当人们突然把头低下以隐藏脸部时，也可用来表示谦卑与害羞。在心怀敌意的情况下，把头低下则具有全然不同的意义，表示头部有紧迫的负荷，在此情况下，其主要差异在于眼睛向前瞪视敌人，而不是随着脸部而下垂。

抬头是有意投入的行为。职员进入领导的办公室，站在领导面前，注意到领导的头正低着在桌上写东西。假如他对眼前的人物有畏怯之感，那么他会静静地站在那儿，直到领导把头抬起来看他，这么简单的一个动作，就足以促使职员开口讲话。

头部后仰。这是势利小人或十分有自信的人鼻子朝天的姿态。一个人会把头部后仰，其情绪变化包括：由沾沾自喜、桀骜不驯到自认为优越而存心地去违抗。基本上来看，具有这种姿态的人是挑衅地仰视而不是温顺地仰视。

头部歪斜。这个动作源自幼时舒适的依偎——小孩把他的头部依靠在父母的身上，当成年人（通常是女性）把头歪斜一侧时，此情此景就像在想象中的保护者身上一样，如果这个动作是用于玩弄风情，那么头部歪斜便有假装天真无邪或故意卖俏的意味，即表示在你的手中我只是一个小孩，我喜欢把头靠在你的肩上。

从眉毛的动态考察一个人

眉毛位于两只眼睛之上，就像一对亲兄弟，因此，眉毛长得是否对称，容易让人联想到兄弟是否和睦，与人的关系是否融洽。一个人眉毛长得是否对称，与他性格和能力有一定的关系。古人经常根据眉毛的长短来判断人的寿命的长短，这是很难加以论证的，虽然我们不可拘泥于此，但这也从另一个侧面通过观察眉毛，会使我们能得到更多的信息。

所谓粗眉毛就是人们常说的浓眉毛。包括浓眉毛在内的各种各样的人，从性格上可以分成“积极型”和“消极型”两大类。浓眉毛的人属于“积极型”，给人留下的印象却是个性很强。与此相对，细眉毛的人给人留下的印象往往相反。

从日常观察中，我们会看到这种现象，多数男性的眉毛是直线型与前面所说的浓眉毛一样，也属于积极型。那么，那些长着近似于女性的曲线型眉毛的男性的性格又是怎样的呢？他们大多是具有女人的气质。道理虽然如此，但是，现在有了能使淡细的眉毛变得又粗又浓的荷尔蒙激素、“眉毛促生药”，还有所谓的“物理疗法”——有人说，早晨和晚上把唾液涂到眉毛上，然后轻轻地按摩，就能使眉毛变浓。由于上述种种后天的人为的因素能改变人的眉毛的形态，我们只有在人们尚未采取上述种种人为的措施前来研究眉毛与性格的关系，才能得出较为准确的结论，否则，难免出现谬误，因而我们不要过分注重眉毛，但也不可忽视眉毛的作用。

对眉毛的要求有四个方面，即“清秀油光”、“疏爽有气”、“弯长有势”、“昂扬有神”，也就是说，眉毛应该有光、有气、有势、有神。在这四个方面，清秀油光显得尤为重要。一个人的眉毛，如果能够油光闪亮，就像珠宝那样熠熠生辉，价值连城；如果暗淡无光，就像珠宝黯然失色，可能就一钱不值了。

眉毛有光亮，显示这个人的生命力比较旺盛。通常的情况是这样：年轻人的眉毛都比较光润明亮，而老年人的眉毛往往比较干枯而缺乏光彩。这就是因为年轻人生命力旺盛，而老年人生命力开始衰退。

眉毛的光亮可以分为三层：眉头是第一层，眉中是第二层，眉尾是第三层。层数越多，等级越高，给人的印象越好，得到他人的提携越多，成功的可能性越大。因此，人们认为眉毛有光亮的人运气特别好。

眉毛有气象有起伏，给人一种文明高雅的感觉。眉毛短促而有神气，也给人一种气势。如果眉毛太长而缺乏起伏，就像一把直挺挺的剑，就会让人觉得过于直白。这种人的脾气比较火暴，喜欢争强好胜，一辈子都是自已把自已搅得不得安宁。如果眉毛太短，甚至露出了眉骨，又缺乏应有的生气，就会给人一种单薄的印象。这种人让人感到不舒服。

眉毛长而有势的人会成功，正如古人所说的“一望而有乘风翱翔之势”。可以这样说，这种眉毛具备了光亮、疏朗、气势和昂扬的优点，给人留下一种很好的印象。人们认为，这种人把“立德、立功、立言”三不朽全占了。一个人即使只有其中一项，也会叫人刮目相看，而三项都占的人自然容易成功。所以，在观察一个人的时候，观察他的眉毛是非常必要的，尤其是在眉毛运动的时候，这时对把握一个人的心理是有帮助的。下面让我们具体分析一下。

皱眉所代表的心情可能有好多种，例如：惊奇、错愕、诧异、快乐、怀疑、否定、无知、傲慢、希望、疑惑、不了解、愤怒和恐惧。

一个深皱眉头忧虑的人，基本上是想逃离他目前的处境，却因某些原因不能如此做。一个大笑而皱眉的人，其实心中也有轻微的惊讶成分。

两条眉毛一条降低，一条上扬。它所传达的信息介于低眉和扬眉之间，半边脸显得激越、半边脸显得恐惧。眉毛斜挑的人，心内一般处于怀疑状态，扬起的那条眉毛就像是提出一个问号。

眉毛打结，指眉毛同时上扬及相互趋近，和眉毛斜挑一样。这种表情通常表示严重的烦恼和忧郁，有些慢性疼痛的患者也会如此。急性的剧痛产生的是低眉而面孔扭曲的反应，较和缓的慢性疼痛才产生眉毛打结的现象。

从某些情况而言，眉毛的内侧端会拉得比外侧端要高，而成吊梢眉似的夸张表情，一般人假如心中并不那么悲痛的话，是很难勉强做到的。眉毛先上扬，然后在几分之一秒的瞬间内再下降，这种向上闪动的短捷动作，是看到其他人出现时的友善表示。它通常会伴着仰头和微笑，但也可能自行发生。尾毛闪动也常常见于一般的对话中，作为加强语气之用。每当说话时要强调某一个字的时候，眉毛就会扬起并瞬即落下。比如，不断在强调：“我说的这些事都是很惊人的！”

眉毛连闪，是表示“哈罗”！连续连闪就等于在说：“哈罗！哈罗！哈罗！”如果前者是在说话的话，大多数人讲到要点时，会不断耸起眉毛，那些习惯性的抱怨者絮絮叨叨时就会这样。

由眼睛透视对方的心灵

眼睛是心灵的窗户，眼睛里隐藏着内心的诸多秘密，要在最短的时间内看透对方心理，不妨先从眼睛开始解读对方。

大眼睛。这样的人的眼睛清澈明亮，反射出一种永远好奇的模样。他喜欢尝试任何事情，即使某件从前做过许多次的事，让他做起来都仿佛从没做过一般。睡觉是少数几件令其憎恨的事，因为他讨厌闭上眼睛，即使只闭上一秒钟，也老大不愿意，因为其怕错过某样东西。

深眼睛。假如一个人的眼睛嵌在脸庞的后方，四周有强而有力的眉毛和高高的额骨包围，表示这个人的喜欢探究，仿佛周遭的一切都经常处在一面放大镜的下面。其擅长区分极细的细节，可以侦测出一个人个性中的小缺陷。就因此原因，这个人非常地挑剔，除非十分特别的人，否则别人很难进入他的生活中。

两眼相近。这样的人是那种在某一方面能够取得相当成就，但又因为在另一方面未得到他人认同，而沮丧万分的人。他一直认为自己总是在最好的时机上，做了错误的选择。不过，他却又马上指出，这绝大部分是因为别人给了自己不恰当的建议。在他心中，自己怀疑每一个人。事实上，他的疑心病严重到连对待自己都小心翼翼。

两眼分得很开。这个人很有良心，凡事替别人着想，对人生看得很开。虽然他朝着自己的目标前进，但并不因此而盲目，也不因此局限了自己的视野。他乐于帮助他人，一点儿也不嫉妒别人。受其帮助的人，经常问他该如何回报。那些人并不知道，让这种人帮助他们，便是他们给他的最大回报。

眼皮沉重。这样的人就像宠物一样可爱。想睡觉的眼睛也是这个模样，因此，睡觉成为他离开人群最好的借口，因为沉重的眼皮，看起来就像只能上床睡觉。不需多说，这种人说话必是轻声细语，行事轻松自在，但保守退缩。

直眉眼，相距远。这样的人很大胆，而且能够一眼看穿任何人。他们灼热的眼神很容易便能够穿透甚至粉碎大多数人的保护网。其喜欢证明自己有权威，而且常常会这么做，他时常不说一句话，却以冰冷、可以洞悉一切的眼神，凝视着自己的对手，其有一颗深思熟虑和逻辑性强的心。

眼睛上扬。眼睛上扬，是假装无辜的表情，这种动作仿佛是在作证自己确实无罪似的。目光炯炯望人时，上睫毛极力往上压，几乎与下垂的眉毛重合，造成一种令人难忘的表情，传达某种惊怒的心绪，斜眼瞟人则是偷偷地看人一眼而不愿被发觉的动作，传达的是羞怯腼腆的信息，这种动作等于是在说："我太害怕，不敢正视你，但又忍不住地想看你。"

眨眼。眨眼的变型包括连眨、超眨、睫毛振动、挤眼睛等。连眨发生于快要哭时，代表一种极力抑制的心情。超眨的动作单纯而夸张，眨的速度较慢，幅度却较大，眨的人好像在说："我不敢相信自己的眼睛，因此，大大地眨一下以擦亮眼睛，确定我所看到的是事实。"睫毛振动时，眼睛和连眨一样迅速开闭，是种卖弄花哨的夸张动作，好像在说："你可不能欺骗我啊！”

挤眼睛。挤眼睛是用一只眼睛使眼色，表示两人间某种默契，它所传达的信息是：“你和我此刻所拥有的秘密，任何其他人无从得知。”在交际场合中，两个朋友之间挤眼睛，是表示他们对某项主题有共通的看法或感受，比在场的其他人都很接近。假如两个陌生人之间挤眼睛，则无论怎样，都有强烈的挑逗意味。由于挤眼睛意含两人之间存有不足为外人道的默契，自然会使第三者产生被疏远的感觉。因此，不管是偷偷地或公然地，这种举动都被一些重礼貌的人视为失态。

眼球转动。眼球向左下方运动，心灵自言自语；眼球向右下方运动，感觉自己的身体；眼球左或右平视，弄懂听到语言的意义；眼球向左上方运动，回忆以前见过的事物；眼球向右上方运动，想象以前见过的事物；正视，代表庄重；斜视，代表轻蔑；仰视，代表思索；俯视，代表羞涩；闭目，思考或不耐烦；目光游离，代表焦急或不感兴趣；瞳孔放大，表示兴奋、积极；瞳孔收缩，表示生气、消极。

从下巴的形状与动作看人

下巴是一个人五官中最不引人注目的地方，但下巴的动作极为细腻，能左右他人的印象，因此，从一个人的下巴可以看出一个人的性格。

尖下巴。这种人性格外向，争强好胜，过于骄傲，优越感、自尊心强，常带否定性的眼光或敌意的目光看人。

圆下巴。这种人性格保守，不思进取，疑心病很重，不轻易相信别人。

方下巴。这种人做事多比较小心和谨慎，能够很好地完成某一件事。但这种人多比较封闭和保守，而且疑心很重，在一般情况下不会轻易地相信别人。

胖下巴。这种人性格外向，心高气傲，具有强烈的优越感，且自尊心很强。

对第一次见面的人，如果你想对他有所了解，比如看穿他当时的心思，只要观察一下他的下巴就可知道个八九不离十了。

下巴的动作虽然极为细腻，但却能左右他人的印象。站在镜子前，将下巴抬高或缩起，会产生不同的判别印象。下巴抬高时，胸部及腹部都会突出，有骄恃、自大的样子；反之将下巴缩起，稍似驼背，个性上显得很懦弱、气馁，若此时观察对方，将会发现其眼球向上翻滚，仿佛怀疑心重。

我们可从不同场合注意对方下巴的角度。

第一，下巴抬高。这种类型的人属于心高气傲，他们从来都觉得自己是办事的高手，一旦出手就没有丝毫错误，即使客观事实摆在眼前，也会强词夺理进行辩论。他们有着非常强的优越感，仿佛自己是个亿万富翁似的。他们的自尊心很强，不允许他人对自己有半点的亵渎。他们爱面子，有时以拒绝承认别人的成绩和荣誉来维护自己的面子，否定别人成功可以提出有一千条的理由。

第二，下巴缩起。此人小心谨慎，胆小怕事，能够全力以赴去完成某一件事，所以手头工作总能办得很到位。但他们只注重自己眼前的工作，而且由于保守与传统而故步自封，同时不善于接纳他人，常常由于对人没有信任感而拒绝与人交往。

从上面的文字叙述中，我们已经看出，人的个性和心理，往往反映在他们的下巴上。下面我们将进一步讨论有关下巴的功能和语言学上的问题。

当然不能单独看下巴，还要把下巴作为下颚的主宰而观察整个下颚。下颚就人类或动物而言，乃担任发声或咀嚼的器官，从外形上看来，男性多带有稍许棱角的下颚与颧骨。实际上，对于下颚形态，男女的差别具有相当的决定性，所以，男人不论如何改装成女人，其下颚也无法蒙骗人们的眼睛。而且，下颚也决定了声音的性质。譬如：电视、电影的幕后配音者，何人担任哪一角色的配音工作，据说也是取决于下颚的形态。

此种人与生具备的下颚形态，乃是用以推测某人的一般倾向之手段，譬如“拥有意志坚强的下颚者”或是“尖细的下颚表示神经质”之类。为探讨对方现在想些什么、想要表达什么时，单凭下颚的外观形状是不够的。唯有留意下颚的动作，才能解读身体言语上的意思。

提及下颚的动作，我们最容易注意到的，即是“突出”、“收缩”的动作。处于极度疲乏的状态，一般人便会做出“伸长下颚”的动作；除了此种由于肉体上的要求而表现出来的姿态以外，“突出下颚”的动作，一般而言，不论男女，均属具有攻击性的行为，可视为一种想表示“扑向前去狠揍对方一顿”意图的动作。迪斯蒙得·摩里斯曾经说明“突出的部位，表示带有意图侵略对方势力范围的性格”。下颚的突出亦复相同，乃是用来作为自我主张的工具。因此，突出的程度越大，则其自我主张的程度也就越高。譬如“颐指气使”之类的表现，采取此种动作，也是自认对方属下辈或自己很明显地处于优势，且很有把握自我主张必然完全推行时，所表现出来的身体语言。

外国人在发怒时，经常将下颚伸向前方，这也可以视为想将其愤怒情感扔向对方的一种攻击欲求的表现。

另外，下颚突出不明显的男性，乃是欠缺自我主张之人，此种说法也是源自同一论点。

像此种由下颚的突出所表现的自我主张，利用不同形状而表现出来者，即是“络腮胡”。胡子也是使下颚更加突出，以表现自我主张的象征。在我们身边想必也有不少蓄留胡须的人，但是一旦跟他深入交往，很意外地可以发现这种人多半属于懦弱，缺乏个性的人。此种类型的人，即是想将他在语言、态度上不能表现自我主张的部分，用蓄胡须的行为得到补偿。

除了此种下颚本身的动作之外，尚有利用手之类接触下颚的动作。“抚弄下颚”的行为，因应各种状况而有种种不同的意义。从身体学的观点而言，此属于自我亲密性的表现。亦即，丧失自信、不安、孤独、话不投机的尴尬等场面，借接触自己的身体的某一部位，以掩饰心态，安慰自己。

从耳态看对方的性格

有些人，他们耳形似乎存在，但肉质却松软无力，轮廓虽然分明但耳垂不丰润。这种人大都不仅六亲无缘且属下不肯相助，而且成就不了大事。所以，在生活和事业上，他们大都是不良的合作伙伴，一般应该退避三舍。

还有一些人，他们耳小鼻大。这类人有很强的自我意识，无法容纳别人，人际关系很差，因而无贵人相助，一生劳碌。他们尽管忙忙碌碌终究是入不敷出。这类人一生难聚财，即使在商海中也多是赔本赚吆喝的人；还有一种人的耳形很大，且没有光泽，垂过薄且尖而小。他们缺衣少食，到了晚年更为凄凉，更无晚辈属下的缘分。他们很适合当基层公务员，而不适合当老板或主管。

耳形极小，而且耳朵不正，外轮收而不放又无垂珠。这种人一般易招惹麻烦，喜投机或以开公司为幌子招摇撞骗，必须对他们提高警惕。

耳朵耳形过大，但双眼极小。这种人没有福禄之命，心地不开阔，事业上也是一波未平，一波又起，所以不会有什么事业。

耳朵外无形，内也无形。这种人平生命运不济，难成事业，到老也不幸福。实际上，他们做事毫无条理和缓急先后的概念，所以，计划对他们来说应该是第一要素。

耳朵虽然轮廓分明，但耳肉薄削见骨。这种人即使有所成就，也是名多于利，不适合从商，只适合从事文学、艺术方面的职业。如果耳相好但鼻尖不丰者，则是徒有虚名。

耳朵的耳郭向外反，耳廓露在外面。这种人虽精明干练，但缺乏财务成本概念，往往因意气用事，而在刹那之间转向厄运，让事业毁于一旦。不过，耳反的人如果能贴着脑袋，则事业有成、财源有道，一生富足。

只有上耳外轮而无下耳外轮。他们一生颠簸，事业时成时败，研究表明，这种耳相代表上火下水不济，因此他们性情时常反复，一生漂泊不定，很难稳定在某一事业上。

尽管耳轮外反耳廓显露，但耳贴脑又有垂珠。这种人一生事业有成但属大器晚成型。为人也属于愤世嫉俗型，往往对世态炎凉发出感叹，人情较薄，是很难相处的人。

耳朵的耳内廓向外反，耳外廓又无轮，额头横紊乱布，且两眉间有皱纹。他们很可能自青少年时期开始，就运势不顺，人际关系和财运也差。所以，平淡的一生中还点缀着郁郁寡欢。耳廓、耳轮或耳孔内生有黑痣、黑斑，再加上眉鼻相理不良。这种人属于感性中人，很可能会惹上是非之灾而出现于法庭。

耳朵的位置高于眉的位置。这种人智力高超，思想纯正，少年时就可能拥有名利，如其他五官配合得宜，则表明他们必将在商场上成为闯将；另一方面，若他们耳高于眼，且其他各官配合得当的话，也代表他们统御才能超群，官途财运必然亨通。但如果他们耳朵低于眼，为虎欺龙之相，这可能预示着此人青年以后会病魔缠身，并有大难发生。

第三章

装扮察人：通过衣着打扮分析个性

看一个人的外表有时也能够识别其本质。凭一个人的衣着打扮可以判断一个人的实际生活状况。衣着是思想的形象，这和有钱没钱无关。有的人衣着破烂，甚至丑陋，但其中却渗透着一种特别的气质；有的人仪表堂堂，却是“金玉其外、败絮其中”的草包……所以，从衣着打扮看人、识人，定要仔细斟酌，这样才能容易掌握他人的性格和爱好。

从穿着风格识别对方心理

郭沫若曾经说:“衣服是文化的表征，衣服是思想的形象。”人的穿着风格，不仅衬托了一个人的容貌、气质与风度，更反映了一个人的素质与修养。穿着风格是人内在美的一种外在表现形式，它是一种不出声的物体语言，它可以传递人的心态、性格、爱好及身份等多方面的信息。

（1）喜欢朴实服装的人：坚韧、有计划，但运数不佳

政府官员和银行职员等，大概是由于职业的关系，大多喜欢穿朴实的衣服。这类人从表面现象上来看也是朴实的。这类人大部分属于体制顺应型，在朴素当中，也有一些豪华的特征。而且，他们在自己的容姿上也有相当的自卑感。相反，喜欢豪华服饰的人，是自我显示欲和金钱欲望都强烈的人，同时也具有歇斯底里的性格。

这种类型的人，利用自己的特性发展适合自己的职业一般毫无问题。有些虽不是体制顺应型的人，但为生活不得已勉强穿朴素服装。

很多公司注重制服，这完全把人的个性压制住了。在欧美人的眼中，把东方人这种形态视为工蜂或经济动物。由此可知，欧美人对于服装按照自己的个性，自由自在地去选择穿着，是个性的一种充分体现。

平时喜欢朴实服装的人，但在某个豪华的场合上，你却看到他盛装

而入，这种人就要引起人们的警觉。这类人可能十分单纯，也可能颇有心机。他对金钱的欲望非常强烈，对别人的批评也非常在意，很难接受别人对他的意见，对付这类人，奉承是上策。

穿着朴素衣服的人向来非常小心，任何事情都有计划性，并且以诚实不欺者为多。另一方面，这种人外表看起来诚实，其实对酒色特别着迷，以致家运不好。应付这种类型的人，不要显示出攻击心。

其次，这种类型的人人情味非常浅薄，是重视现实的人。

（2）喜欢粗糙风格的人：特立独行型，用人不得法

粗糙风格就是不打领带的人，“领带好像是会束缚脖子，我不喜欢。”这类型态者大概喜欢粗糙风格，像“一只狼”喜欢独来独往。

在穿着上喜欢不修边幅的人，大都是活力四射的精力旺盛之人。

这类人不喜欢久居人下，喜欢领导他人做事，其用人的手法一般不是很高明。这种人不适合从事薪水阶层的工作，大多数人都是脱离薪水阶层，单独到社会中去做生意或自由闯荡。

因由某种职业特点的限制，许多人被迫打起了领带，假如一位主管有意无意对下属提起对打领带的看法，如果他回答是不喜欢打领带，那么就可能说明他对现在的处境不满意，有另起炉灶的意图。

（3）喜欢蓝色、蓝紫色服装的人：待人虽温和，但自尊心强

喜欢穿此种颜色服装的人，其性格大多缺乏决断力、实行力。这类人说话比较啰唆，缺乏羞耻心和责任感，由于这类人不善于表露自己的情感，是自尊心非常强的人。

与这种人相处时，如果你缺乏观察的眼光的话，会感觉这种类型是“很好的人嘛！”其实这种人比较缺乏人情味。假如这种人是你的领导，当你经过数次请客与某公司进行的交易成功时，他就会讲话：“这件事情

怎么没有预先报告，你自行交涉是不对的。”按照领导的意思是：“在请客方面花很多钱，不如把所花的钱直接送给谈生意的人更为有效。”这种想法是喜欢这类色彩服装的人特有的想法。总而言之，这种类型的领导没有培养部下的能力，并且也不喜欢把功劳让给部下。

（4）喜欢穿白衬衫的人：缺乏爱情，清廉洁白，是个现实主义者

其性格特征是缺乏主动性、判断力和羞耻之心。他们在色彩感觉上、在扮装上都非常优秀；相反的，不论对什么服装，只要穿上白衬衫都能相得益彰。白色确实与任何颜色的服装都能搭配吻合，关于这一点没有什么异议。同时，白色是表示清洁的颜色。

白色与任何颜色都能搭配的优点，当然也能给人一种亲切感，但这种形态的人“穿什么都可以”，就是说不受服装拘束，在性格方面是属于爽直派的。此类穿白衬衫职业的，比如裁判员、医生、护士、机关的职员等各行各业的职业者，当你看到他们的第一印象都是缺乏感动性，尤其在感情方面和爱情方面。

这类人容易自以为是。对于自己喜欢从事的工作，他会一意孤行地追求和实现。在生意场上，往往是个躁动分子，极有可能与他人起冲突，随时有动干戈的事发生，在交际场合，遇到这类穿着的人要有戒备之心。他们总会为自己的失误找出各种借口，没有什么话题可言，除重要的事交涉后，关于其他话题一般不参与言论。有喜好穿白衬衫习惯的人，总是以工作为人生的支点，是不折不扣的现实主义者，对工作有一贯认真的态度。在茫茫众生中，这类人脚步匆匆、马不停蹄，他们享有较高的社会地位，为了维持自己的“白领”形象，他们无时不在为工作做出努力，是上司眼里的精英、下属心中的怪物。

（5）喜欢穿黑色服装的人：爱憎分明，但个性非常温厚

有的人说，穿黑色服装会使人精神紧张，也有人说，黑色服装是仅仅能在结婚、丧葬及祭祀的仪式中穿着的服装。

此种类型的人的性格特征是：对别人的态度不温柔，很难接近。

但假如了解了他们的心理之后，你会发现他们是非常有趣的人。这类人大多都有点罗曼蒂克的气质，性格多是温柔善良，为人忠厚，且具宽容的气度。在商场上遇到这类人时，你必须对他持诚实的态度。他让你办的事儿，能够办到的话，你一定要立刻付之行动，让他从实际中了解你，然后成为他的朋友和合作者。

对人依赖心非常强，是喜欢穿黑色服装人的短处。这种类型的人在性格上不喜欢半途而废，任何事情都要彻底弄明白，看起来好像是个乐观的人，实际上是为了隐蔽某一点，为此花费很多心思来表现大方之处。这种人实质上有纤细神经的一面，经常处于焦虑状态。

（6）喜欢穿背后或两旁开衩上衣的人：具有领导气派且自我显示欲非常强

上衣背后或两旁开衩的衣服，并非为了肥胖的摔跤选手穿着所设计的。同时，肥胖型者也有喜欢穿背后开衩的倾向。

或许我们会经常碰见西装笔挺的绅士，英国制的西装，带花纹的领带，小羊皮或羔羊皮鞋、珍珠袖扣、瑞士制的手表，镜框是高级的舶来品，连打火机也是世界上驰名的名牌商品。这类人一般会给人以商界大亨或来头不小的感觉，并且这类人一般极具有伪装性，他们大多以侠义中人自居，借以表示领导者的风范，但这种人常常让人失望，并不真是具有侠义之气的人。但这类人的金钱观念比较淡薄，对长期的交易没有多大兴趣，往往特别注重短期的交易，具有追求一夜暴富的倾向。一旦以信用为主进行交易时，必须详细调查对方的底细。一方为了慎重起见想暂停交易的话，对方则会施以威胁法；若一方采取冷静态度，对方会急变为软弱战术。

这类人士会对人做过多的许诺。此时，你应委婉推辞为上策。其实这种人的性格是神经质，疑心重、嫉妒心强、独占欲旺盛，喜欢装饰外表并且好玩的典型。然而，观其面貌又是一副诚实的模样。

（7）喜欢穿粗直条整套西装的人：对自己没有信心，喜欢使空城计

在一般薪水阶层人士的穿着习惯中，很少看到穿蓝色粗直条西装的人。大多数是自由职业者，为了掩饰职位上引起的感觉不安，才喜欢穿这种整套的西装来隐藏内心的动向。

这种人的特征是流行时尚的发烧友。由于对自己没有信心，又恐怕被别人发现，或者因为情绪上的孤独不安时，才会穿上粗直条整套西装。

与这种类型的人接触时，绝对不能攻击对方的缺点。如果言谈之间的内容不假思索的话，会受到他们的攻击，因此，需多加注意。例如，对方不幸的事情，一定要绝口不提。“你的名誉真是狼狈不堪”或“那是命运”，诸如此类占卜书那种口吻绝对要避免，因为这种人最不喜欢占卜。

因此，对这种人不要多讲话，按照对方说话的语气去调整，尽量不要指责其缺点，并且要不时地夸奖赞美他。这种类型的人性格有点类似女性。实质上这种人头脑非常单纯，所以，你应当避免去激怒对方。

（8）喜欢舶来品的人：有自卑感，但善于奉承人

对于喜欢这类穿着习惯的人，绝不能轻易从外表上判断其为人。

有的人在任何场合都喜欢从上到下都是舶来品的装扮。这类人和他人打交道时，一点人情味都没有，简言之，这类人大多都冷酷无情，即使外表看起来非常密切的人，事实上他们之间的关系，肯定不乏利害关

系联结着。

这种人对生意上的事情非常敏感。当自己处于不利地位时，会立刻寻找外援，而一旦失手，则会诿过于人。对于这类人，要有警惕性。

这种人对流行很敏感，另一方面对自己又缺乏信心，借用舶来品来装饰自己。这种类型者多数是孤独、情绪不安定且有自卑感，最好不要去揭穿他们的自卑感。

（9）穿着马虎的人：缺乏机密性、计划性，但有执行力

在穿着方面有非常马虎习惯之人，是可以从如下几方面进行判断的。有的人上装着英国的名牌尼龙西装，脚蹬一双意大利飞龙皮鞋，但却系着一条非常粗俗领带的人，这种穿着不得要领，属于疏于考究的人，也就是穿着习惯上非常马虎之人。他们的特性就是与众不同。

这类人通常富有行动力，对工作抱有热忱之心。

假如在同事或晚辈之中有这种类型的人，对你而言，并不是件好事。这类人虽然富有行动力，得意之时，他会高踞在上；失势之时，他又畏缩不前，是一类非常麻烦的人。

这类人，一旦下决心从事某项工作，就会一贯如注，有始有终。

如果你和这类人相处的时候，一定要掌握分寸，有距离的尊敬，因为他听到异已之言便会恼羞成怒，对于这类人，不宜采取责备的口吻或刺激性语言，让他对你造成不必要的妨碍。与这类人有生意上往来的时候，你的胜算相当低。如果你必须与这类人打交道，你就要学会使用自己的头脑和一定的手段，尽量别招惹他生气，这类人比较注重连带关系和相同意识。

通过衣着看性格

衣着服饰能很清楚地体现一个人的性格喜好。现如今，T 恤已经成了一种最普遍而且最受人们欢迎的服饰，男女老少皆宜。在过去，T 恤只是用来保暖的内衣，可是现在，它已经成了一面公众告示牌，可以任由自己在上面随便记录或宣泄各种情绪和想法。所以，穿什么样的 T 恤可以直观地看出一个人具有什么样的性格。

喜欢在 T 恤上印上自己名字的人，他们的思想多是比较开放和前卫的，能够很轻松地接受一些新鲜的事物，他们对一些陈旧迂腐的老观念持一种相当排斥的态度。他们的性格比较外向，喜欢结交朋友，为人比较真诚和热情，所以通常会有比较不错的人际关系。他们的自信还是很强的，有一定的随机应变能力，在不同的情况下，能够及时地做出应对策略。

喜欢穿印有各种明星画像的人，这种类型的人多以追星族为主，他们对那些人有无限的崇拜，并且希望自己有朝一日能像他们一样。这类人很渴望别人了解自己的思想，并积极地把自己的想法表现给别人。

喜欢穿印有学校名称或大企业的标志装饰的 T 恤，这一类型的人希望他人知道自己的身份，并且对自己所在的单位和企业具有一定的感情。

他们希望能够以此为载体，吸引一些志同道合的人。

喜欢穿有著名景点风景 T 恤的人，对旅游有浓厚的兴趣，有的甚至不断地更换自己下一次旅游目的地。他们的性格多是外向型的，对新鲜事物的接受能力很强，而且具有一定的冒险精神。他们自我表现欲很强，希望把自己所知道的一切都传达给他人。

喜欢在 T 恤衫上印有一段幽默标语的人，是具有幽默而智慧的人，这本身就是他们幽默而聪慧的表现。另外，他们也是具有很强的表现欲望的，希望自己能够吸引别人的注意。

喜欢穿没有花样的白色 T 恤的人，多有比较独立的个性，他们不会轻易地向世俗潮流低头，不随着世俗潮流的改变而改变自己。他们具有一定程度的叛逆性，但不会通过露骨的方式方法大张旗鼓地表现出来。

喜欢穿没有花样的彩色 T 恤的人，自我表现欲望并不是很强烈，甚至甘于平庸和普通，做一个默默无闻的人。他们多数属于内向型人，不太爱张扬，富有同情心，在自己能力许可的条件下，尽量去关心和帮助他人。

从衣饰的颜色观察个性风采

人们在日常生活中非常注重自己的服装。服装，就是一个人的修养、职业的表现，同时也是他个性与心理的表现。人们通过服装的颜色、款式等，可以推测穿不同服装的人的个性与心理。

一般情况下，人们搭配服装色彩时，都会把自己的性格特点渗透进去。每个人服装的色彩，总是和自己当时的心理活动状态有着一定的联系。所以，从个人服装的颜色喜好中，判断他的性格特征具有十分科学的意义。

喜欢穿黑色服装的人。黑色会给人带来严肃的感觉，所以穿黑色衣服使人精神紧张，黑色服装一般较为经常地出现在丧葬及祭祀的仪式中。通常喜欢红白明显色彩的人，同时也是黑色服装的喜好者。

喜欢红色服装的人。冲动、精神、坚强，是喜欢红色服装的人的一般表现，红色是在增强声势时所穿着的。

喜欢桃红色服装的人。人们在追求漂亮时，一般喜欢穿着桃红色服装，这种人的特征是举止优雅。

喜欢紫色服装的人。那些喜欢保持神秘、自我满足的艺术家气质的人，他们会别出心裁地穿着紫色。

喜欢绿色服装的人。这种人一般喜欢自由，有宽大的胸怀，绿色是其在抱有希望、没有偏见的心理状态下穿着的服装色。

喜欢橙色服装的人。穿橙色服装的人开朗、口才好，并喜欢幽默，而且当他一个人在无法独居时，对人生意欲强烈的时候也会穿着此颜色的衣服。

喜欢橄榄色服装的人。人们的心理状态一般是处于被抑制或歇斯底里的状态时，他们会穿着橄榄色的服装。

喜欢黄色服装的人。一些人为了给别人留下智慧、纯粹、高洁心灵的印象，经常会穿着黄颜色的服装。

喜欢青绿色服装的人。人们在感觉细腻的心理状态下，一般会穿着这种服装。

喜欢灰色服装的人。他们一般没有主动性，在没有勇气面对困难的心理状态下，会穿着灰色服装。

喜欢蓝色、蓝紫色服装的人。喜欢穿这种颜色服装的人，他们在性格方面一般表现为缺乏决断力、实行力。这类人缺乏羞耻心和责任感，说话比较啰嗦，但其自尊心却是惊人的强烈。与这类色彩服装的人打交道，应逐渐按部就班，并投其所好。在这种人面前，说别人的坏话是最大的忌讳。

由帽子透视个性

帽子不仅仅具有御寒的功能，也能够为人们增加美观，而且还能树立某种个人形象。当出入任何一家娱乐场所或大型酒楼餐馆，很容易就能够看到“衣帽间”的牌子，这就体现了帽子对于一个人的重要性。佩戴帽子有助于人们树立自身想要的形象，可以使个性在任何场合下都完全地得到体现。

（1）总喜欢戴鸭舌帽的人。鸭舌帽，是一般上年纪的人的佩戴，它所表现的个人特点是稳重、踏实。如果男人戴这种帽子，那么他会认为自己是个客观的人，从不虚华地面对问题，能从大局着想，不会因为一些细枝末节而影响整个大局。

有时候这种人自以为是，故意摆弄老练的个人形象，在与别人交往时，就算对方胸无城府，他还是喜欢与别人绕着弯去说话办事，直到把别人都搞得不知道天南地北了，他的个人意见还是没有表达出来。这种人之所以这么做，是因为他是个会自我保护的人，不愿轻易让别人了解他的内心。他不是个攻击型的人，但是很会保护自我，所以他很少伤害别人，但也不容许别人伤害他。

这种人是很会聚财的人，相信艰苦创业才是人生的本色，多劳多得是他的客观信条，他从不相信不劳而获或少劳而获，他认为他所拥有的财富来之不易，所以他从不乱花一分钱。

（2）喜欢戴圆毡帽的人。总喜欢戴圆毡帽的人，纯粹是一副老百姓的派头，对任何事情都感兴趣，但从不表达自己的看法，即使有看法也是附和别人的观点，好像没有任何个人独到的见解。但他们不是没有主张，只不过是个老好人，哪怕是个最不起眼的人，他都不愿随便得罪。

他们在骨子里是个忠实肯干的人，对只有付出才有收获的道理坚信不疑。他们对不劳而获的人恨之入骨，相信君子爱财取之有道，对不义之财一贯的态度是视而不见，从来不让不义之财玷污自己的手指。他们对于做每一件事情都会全力以赴，投入巨大的精力和热情，对于报酬，只拿属于自己的那一份。这种人是以自己的美德赢得尊重的。

在选择朋友方面，这种人表面随和，其实颇为挑剔，他们认同“道不同不相为谋”的方针，因此除非对方和他们有类似的看法和观点，否则他们是不会考虑与之深交的。

（3）喜欢戴旅游帽的人。旅游帽，其实就是一种装饰品，因为这种帽子既不能御寒也不能抵挡阳光，用这种帽子来装扮自己以投射某种气质或形象；或者戴上它另有企图，用来掩饰一些他认为不理想或者有缺陷的东西。

从其所表现出来的特点看，那些爱戴旅游帽的人，一般是内心虚伪、不踏实的人，他们善于投机取巧，因此，能真正了解这类人的人寥寥无几，大多只是了解他们的皮毛罢了。

由于他们过度聪明、自以为是，在别人面前既唱红脸又唱白脸，以为自己做得天衣无缝，其实别人早已看出他们是个不可深交的人。因此，这类人真正的朋友不多，多半是与其面和心不和的人，有时他们也能看出自己的缺点，但由于本性所决定，也无法改变这些事实。

在事业上，这种人也用他那套投机之术去钻营各种空子，有时也会收到不错的效果，但当他黔驴技穷时，也就会被他的上司和同事看穿。

（4）喜欢戴礼帽的人。戴礼帽的人，大多是觉得自己稳重而具有绅士的风度。这种人急切渴望给人一种沉稳而成熟的感觉，在别人面前，行为举止也会经常表现得很具传统思想。这类人除自己喜欢的礼帽外，连自己的皮鞋不管任何时候也是擦得锃亮，就连所穿的袜子也一定会给人一种厚实的感觉，尽管是在炎热的夏季，一样会拒绝穿丝袜。由于他们看不惯很多东西，所以多少有点自命不凡的本性，认为自己是个干大事的人，进入任何一个行业都应该是个领导者。可惜他们过分保守并且缺乏冒险精神，成就并不大，所干的事业也不像想象的那么顺心。

在友情上，这种人的朋友会觉得他们保守、呆板，不容易掏真心话，即使在见面时斯文有礼，也不能加深他们之间的友谊，他们和任何一个朋友之间的友谊都不能保持应有的深度。他们有时也会想到这些，并试图努力去改变，但他们天生的性格使他难以表达自己的心思，有时反而适得其反。

（5）总喜欢戴着彩色帽的人。总喜欢戴着彩色帽的人，在不同的场合，针对不同颜色的服装，佩戴着不同色彩的帽子，他们似乎是天生的服装专家，这种人一般是赶得上潮流的时髦人物。

这种人对彩色鲜艳的东西非常敏感，对时下流行的东西嗅觉灵敏。每当出现新鲜玩意儿，他们总是最先尝试，希望人家说他们的生活过得丰富多彩，懂得享受快乐人生。这种人总是以弄潮儿的身份，旁若无人地走在时代的最前沿。

同时，这种类型的人也是喜欢热闹、害怕寂寞的。因为他们朝气蓬勃、精力旺盛，那颗不甘寂寞的心，总是使他们躁动不安。这种人会经常呼朋引伴，一起到歌舞升平之地去挥洒自己的好心情。当曲终人散后，这种人会自然地产生寂寞的心绪，当最后一支舞跳完后，他们会有情不自禁地失落感。

对于工作，这种人的热情和消极是成反比例的，这有时会为他们带来一定的好运。当他们热情起来时，就像有使不完的劲，一旦无聊时，空虚感马上袭满心头。

通过手表观察一个人

俗话说："一寸光阴一寸金，寸金难买寸光阴。"古往今来没有哪个伟人不珍惜自己的时间。时间，在不知不觉中流逝，不同的人对此有着不同的感受。有的人熟视无睹，而有的人则表示深深的惋惜，然后，抓紧利用每一分钟去做一些有意义的事情。一个人对待时间的看法，很大程度上是由人的性格决定的，而时间对人具有什么样的影响，很多时候又能通过所戴的手表传达出来。

现如今人们佩戴手表，已经从原来单一的计时需求开始转向装饰需求。人们在佩戴喜欢上存在着一些自然的差异。在富有家庭里成长起来或有教养的人，一般把手表戴在左手内侧，这类人在工作中头脑聪慧，而在个人情感上，则表现得往往十分害羞而不敢向对方表达自己的意思。还有一些人图方便，把手表戴在右手上，不但开车的时候，甚至做任何事情的时候都比较省事，除了这些实际的好处以外，还有招引大家注意的意图。适度的时候，给人的是性格奔放热情；过度的时候，会让人觉得有点放浪形骸。

同样，佩戴不同类型款式的手表也会体现出不同的个性。

佩戴怀表的人。佩戴怀表的人，时间观念较强，对时间享有较好的控制能力，即使他们每天的生活都是忙忙碌碌的，也并不是时间的奴隶，而他们懂得如何驾驭时间，懂得如何自我放松，并且进行自我调节。他们有较强的适应能力，善于把握和控制自己，能够很好地调整自己的心态。他们乐于收集一些过去的东西。有一定的文化修养，因此，言谈举止比较高雅。这种人有比较浓厚的浪漫思想，常会制造一些出人意料的惊喜。他们把人与人之间的友情看得高于一切，并以惊人的耐心来经营。

佩戴液晶显示型手表的人。佩戴液晶显示型手表的人，一般是生活中精打细算地过日子的能手，他们在生活中表现出常人难有的节俭习惯。他们的思维比较单纯，对简捷方便的各种事物比较热衷，而对于太抽象的概念则难以理解。他们在为人处世时，以认真的态度为主，不会随随便便地与他人打成一片。

佩戴古典金表的人。佩戴古典金表的人，眼光一般都比较长远，能够在发展中看待一切，他们对眼前一些既得的利益不会太在意，会注重一些更有发展前途的事业。他们心思缜密，头脑灵活，往往有很好的预见力。他们的思想境界比较高，而且非常成熟，凡事都会看得清楚透彻。他们有宽容力和忍耐力，而且很讲义气，能够与家人朋友同甘共苦、生死与共。这种人对外界的一些困难和压力从不服软说输。

佩戴闹钟型手表的人。佩戴闹钟型手表的人，一般是严于要求自己的人，他们自己把自己的神经绷得很紧，丝毫没有放松的时候。这一类型的人算不上传统和保守，他们喜欢按一定规矩办事，他们在争取成功的过程中任何一件事都是以相当直接而又有计划的方式完成的。他们很有责任心，有时候会刻意地培养和锻炼自己在这一方面的能力。不得不提的是，这种人还是富于组织和领导方面的天才。

佩戴电子表的人。电子表比以往的机械表便于操作和使用，当你需要时只要按一下显示时间的键，就会出现数字，如果不按，就什么也看不见。喜欢戴这一类型手表的人多是有些与众不同的特别之处。他们独立意识非常强烈，从来不希望受到他人的约束，自由自在、无拘无束地去做自己想做并且也愿意去做的事情。他们善于掩饰自己的真实情感，所以一般人不能轻易走近去了解他们。在别人看来，他们有一种神秘感，同时这类人也会因具有这种神秘感而沾沾自喜。

手提包是身份的见证

手提包是人们在工作、学习和生活当中非常重要的一件物品，很多时候它几乎与人形影不离，人走到哪里，它们也随之被带到哪里。正是因为手提包具有如此非同寻常的作用，所以，它们在一定程度上可以向外界传达一定的信息，让外界通过提包来认识提包的主人。

提包的样式是多种多样的，人们可以根据自己的喜好进行选择。

选择的手提包比较大众化的人，他们的性格也比较大众化，或者是说没有什么特别鲜明的、属于自己的个性。他们在大多时候都是随大流的，大家都这样选择，所以他也这样选择，没有自身的主见，目光和思想比较平庸和狭窄。人生中多少有收获，但无大的成就和发展。

选择的手提包十分有特点，甚至是达到那种让人看一眼就难以忘却的程度的人，其性格可能要分两种不同的情况来分析。一种是他们的个性的确非常强，特别的突出，对任何事物都能从自己独特的思维、视觉等各方面出发，从而做出选择。这一类型的人中，有很多具有艺术细胞，他们喜欢我行我素，不被人限制，而且他们标新立异，敢冒风险，具有一定的胆识和魄力。假如不出现什么意外，自己又肯努力，将会在某一领域做出一定的成绩；另外还有一种人，他们并不是真正的有什么个性，也没有什么审美眼光，不过是为了要显示自己的与众不同，故意做出一些与其他人迥然有异的选择，以吸引更多的目光罢了。这一类型的人自我表现欲望及虚荣心都比较强。

选择的手提包多是休闲式的人，可以看出他们的工作有很大的伸缩性，自由活动的空间比较大。正是由于这样的条件，再加上先天的性格，这类人大多很会懂得享受生活。他们对生活的态度比较随便，不会过分苛刻地要求自己。他们比较积极和乐观，也有一定程度的进取心，能很好地安排工作、学习和生活，做到劳逸结合，在比较轻松惬意的氛围里把属于自己的事情做好，并取得一定的成就。

选择的手提包多是公文包，这也从一个侧面说明了提包主人工作的性质。他们有可能是某个企事业单位的老总，但假如是普通的职员，也是比较正规单位的，选择公文包或许是出于工作的一种需要，但在其中多少也能透出一些性格的特征。这样的人大多办事较小心和谨慎，他们不一定非得要不苟言笑，即使是有说有笑，对人也会相当严厉。当然，他们对自己的要求往往更高。

喜欢方形或长方形的手提包，在有些时候可以当成是一件配饰。这种手提包外形和体积都相对比较小，因此，使用起来并不是非常的方便。喜爱这一款式手提包的人，多是没有经历过什么磨难的人。他们比较脆弱或不堪一击，遇到挫折，很容易就妥协或退让。

喜欢中型肩带式手提包的人。他们在性格上相对比较独立，但在言行举止等各个方面却是相对较传统和保守的。他们有一定相对自由的空间，但不是特别的大，交际圈子比较狭窄，朋友也不是很多。

非常小巧精致，但不实用，装不了什么东西的手提包，一般而言，应该是年纪比较轻，涉世也不深，比较单纯的女孩子的最好选择。但假如已经过了这样的年纪，步入到成年，已十分成熟了，还热衷于这样的选择，说明这个人对生活的态度是十分积极而又乐观的，对未来充满了美好的期待。

比较喜欢具有浓郁的民族风味、地方特色的小提包的人。自主意识比较强，是个人主义者。他们的个性突出，常常有着与他人截然不同的衣着打扮、思维方式等等。有些时候显得与他人格格不入，因此，对于营造出比较好的人际关系存在着一定的困难。

喜欢超大型手提包的人，性格多是那种自由自在、无拘无束的人，他们很容易与别人建立某种特别的关系，但是关系一旦建立之后，也会很容易就破裂，这也是因他们的性格所决定的，由于他们的生活态度太散漫，缺乏必要的责任感。虽然他们自已感觉无所谓，但却并不是其他所有人都能容忍与接受的。

把手提包当成购物袋的人，多是希望寻找捷径，在最短的时间内，以最少的精力把事情办完的人。他们很讲究做事的效率，但做起事来又比较杂乱无章，没有一定的规则，很多时候并不能如愿以偿。他们的性格多比较随和与亲切，有很好的耐性，满足于自给自足。在他们的性格中感性的成分要比理性成分多一些，做事有些喜欢意气用事。独立能力比较强，不太习惯于依赖他人。

一个手提包，但有很多的口袋，可以把各种各样东西放到该放的适当位置。选择这样的手提包的人，说明他们的生活是非常有规律性的，而且能在大多数的时候保持头脑的清醒，不会轻易做出糊涂的事情。

喜欢金属制手提包的人，多是比较敏感的，能够很快跟上流行的脚步，他们对新鲜事物的接受能力是非常强的。但是这一类型的人，在很多时候自已并不肯轻易地就付出，而总是希望别人能够先付出。

喜欢中性色系手提包的人，其表现欲望并不是很强烈，他们不希望引起他人的注意，其目的是减少压力。他们凡事多持得过且过的态度，生活比较懒散。在对待他人方面，也喜欢保持相对中立的立场。

不习惯于带手提包的人，其性格要分几种情况来讲，有可能是由于他们比较懒惰，觉得带一个包是一种负担，过于麻烦；另一种可能是他们的自主意识比较强，希望独立，而手提包会在无形当中造成一种障碍。两种情况都是把手提包当成是一种负担，可以显示出这种人的责任心并不是很强，他们不希望对任何人任何事负责任。

喜欢男性化手提包的人，一般而言，都是比较坚强、剽悍、能干的，并且趋于外向化的。

手提包里的东西摆放得乱七八糟，没有一点规则，要找一件东西，需要把手提包内的所有的东西全部翻出来，这类性格的人可以看出他们的生活是杂乱无章的，奉行的是“无所谓”的随便态度。他们做起事来多比较含糊，目的性不明确，但对人一般都较热情和亲切。但是，由于他们的生活态度有些过分随便与无所谓，因此，经常会导致使自己陷入比较尴尬的境地。与这一类型的人相识、相交都比较容易，但是分开也不难。

手提包内的各种各样的东西摆放得层次分明，想要什么就可以伸手拿到，这说明手提包的主人是一个很有原则性的人，他们多有很强的进取心，办事认真、可靠，待人也比较有礼貌。一般而言，这一类型的人有很强的自信心，且组织能力突出。但缺点是他们大多比较严肃、呆板，会过多地拘泥于生活中的某些细节中。

透过鞋子观察对方

鞋子并不是像我们所想象的那样，单纯地起到保护脚的作用，这是其仅有的一方面。通过观察他人的鞋子，人们不仅可以欣赏到其美观大方，同时也可以看出一些他的个人性格。

男性穿皮鞋注重的是鞋料的舒适和质感，至于样式、颜色可挑选的条件有限，当然也就不会太讲究。然而，对女性来说恰恰相反，女性穿皮鞋时，就像选购耳环、手镯等饰物一样，首先考虑的是颜色、风格和款式等要素，一旦看中了颜色、风格和款式，至于舒适性、实用性以及鞋质，就已来不及权衡了，当即就会买下。因此，从穿不同样式的鞋子，就能看出一个人的性格。

自己最喜爱的一款鞋一直穿到报废，如果换鞋，那是这双鞋子坏了后的事情。这种人是相当独立的，他们非常清楚什么是自己喜欢的，什么是自己不喜欢的，他们对自己的感觉很重视，不会过多地在意别人对自己的看法。做事方面他们一般比较小心和谨慎，在经过仔细认真地考虑以后，他们要么不做，要么就全身心地投入，把它做得很好。他们对自己的亲人、朋友、爱人的感情都是相当忠诚的，没什么东西可以让他们做出背叛的事情来。

喜欢穿时髦鞋子的人，有一种观念，那就是只要是流行的，就全是好的，从不考虑自身的条件是否与流行相符合。这种人做事时常缺少周全的考虑，所以会顾此失彼。他们对新鲜事物的接受能力比较强，表现欲望和虚荣心也强。

喜欢穿带装饰物鞋的人。大多是女性，这是一种把自己看得比较重，且属于自我满足型的女性。她们特别喜欢打扮，而且有时打扮得往往超过了度，虽然她自己觉得这根本不算什么，可给周围人的感觉总不顺眼。这类人在与人打交道时，较少顾及别人的存在，至于有没有男人去追求她，他人愿不愿与其交往，多半不放在心上，导致她们长期生活在自己的世界里，身边知己的朋友也不多。

喜欢穿拖鞋的人。喜欢穿拖鞋的人属于轻松随意的人，他们可以被视为自由者的最佳代表。这种人对自己的感觉和感受非常注重，他们属于性情中人，一般不会随着别人的建议而改变自己。他们可以在自我调节中充分地享受生活。

喜欢穿没有鞋带的鞋子的人。喜欢穿没有鞋带的鞋子的人，并没有多少特别之处，穿着打扮和思想意识与普通人相差不多。只不过他们比较传统和保守，追求整洁，不喜欢表露自己。

喜欢穿运动鞋的人。一个人如果喜欢穿运动鞋，那他一定是对生活持有积极乐观的态度，在为人上表现出亲切和自然之感，他们没有特别的生活规律，一般容易与人相处。

喜欢穿远足靴的人。对远足靴情有独钟的人，会把自己充足的时间和精力投入工作中，而且他们有较强的危机感，并且随时应对各种各样的突发事件。他们勇于冒险，具有开拓精神，经常向自己不熟悉的领域挺进，并且对自己有“绝对能成功”的自信。

喜欢穿露出脚趾的鞋子的人。喜欢穿露出脚趾的鞋子的人，属于性格外向型。他们的思想意识比较先进和前卫，浑身上下充满了朝气。这种人在与人交往的过程中，一般能表现出拿得起放得下的洒脱形象。

喜欢穿靴子的人。一个爱穿靴子的人没有足够的自信心。靴子，在一定程度上能为人们带来一些自信，而且也为他们增加安全意识。爱穿这种鞋子的人在适当的场合和时机，懂得如何来掩蔽和保护自己。

妆容画出女人心

“爱美之心，人皆有之”，尤其是女人对美更加独有钟情，但一个人的容貌是天生的，怎样才能看上去更漂亮呢？这就需要化妆。事实上，一个女人化什么样的妆，从某种意义上说也就是她性情的外露，作为男人，你便可以通过观察女友化妆的方式来了解女友的心。

从来不化妆的女人不肤浅。她们更在乎的多是“清水出芙蓉，天然去雕饰”，她们追求的是一种自然美。这一类型的女人对任何事物都不局限在表层的肤浅的认识，而是更看重实质的东西。在她们心里有非常强烈的平等观念，并且不断地追求和争取平等。

喜欢时髦妆的女人城府不深。她们对新鲜事物的接收能力往往是很快的，但常缺少属于自己的独立的个性。她们缺少必要的对未来的规划，相对更热衷于今朝有酒今朝醉。她们不知道节省，自我表现欲望强烈，希望自己能够引起他人的注意，城府不是特别深。

喜欢浓妆的女人前卫。她们自我表现欲望强烈，总是希望通过一种比较极端的方式吸引他人，尤其是异性更多关注的目光。她们的思想比较前卫和开放，对一些大胆的过激行为常持无所谓的态度。她们为人真诚、热情和坦率，虽然有时会遭到一些恶意的攻击，但仍能够尊重他人。

喜欢自然妆的女人单纯。这一类型的人，她们多是比较传统和保守的，思想有些单纯，富有同情心和正义感。但不够坚强，在挫折和打击面前常会显得比较软弱。为人很真诚，从来不会怀疑他人有什么不良动机。

长时间喜欢以同一模式化妆的女人现实。从很小的时候就开始化妆，并且多年来一直保持着同样的模式，这一类型的人多有一些怀旧情结，常会陷入过去的某种回忆当中，享受往昔的种种，但也能很快地走出来。她们比较现实，能够尽最大努力把握住目前所拥有的一切。她们为人真诚、热情，所以人际关系不错，有很多志同道合的朋友。她们很容易获得满足，但是有一点儿跟不上时代的潮流。

喜欢长时间化妆的女人有毅力。用很长的时间化妆，这一类型的人是完美主义者，凡事总是尽力追求达到尽善尽美。为了实现自己的目标，她们可能会付出昂贵的代价，但并不怎样在乎。她们多有很强的毅力。她们对自己的外表并没有多少自信，所以在这方面会花费大量的时间、精力甚至是财力。但由于她们过分地加以强调外在的形象，总会给人造成一种相当不自在的感觉。

喜欢异国色彩妆的女人向往自由。喜欢化异国色彩比较浓重的妆的女人，她们多是有比较丰富的想象力的，身体内有很多艺术的细胞，希望自己能够成为一个艺术家。她们向往自由，渴望过一种完全无拘无束的生活。她们常常会有许多独特的让人吃惊的想法，是个完美主义者。

任何时候都不忘化妆的女人不自信。无论在什么时候，哪怕是出门到信箱里去拿一封信或是一份报纸也要化一化妆的女人，她们多对自己没有自信，企图借化妆来掩饰自己在某一方面的缺陷。她们善于把真实的自己掩饰起来。

化妆特别强调某一部位的女人自信。在化妆的时候特别强调某一部位的人，她们多对自己有相当清楚的认识，知道自己的优点在哪里，更知道自己的缺点在哪里，尤其懂得如何扬长避短。她们多对自己充满自信，相信经过努力一定能够实现自己的理想。她们很现实和实际，并不是生活在虚无缥缈的幻想中的一类人。她们在为人处世等各个方面都非常果断，并且能保持沉着、冷静的态度。

喜欢淡妆的女人聪慧。喜欢化淡妆的女人，她们追求的目的是看起来说得过去就可以了，并不要特别地突出自己，这一点与她们的性格是很相符的。她们的自我表现欲望并不是特别的强，有时甚至非常不愿意让他人注意到自己。这一类型的人有很多都是相当聪明和智慧的，也会获得一定的成就。她们拥有自己的绝对隐私，并且希望能够在这一点上得到他人的尊重和理解。

第四章

言语察人：通过言谈语气洞悉本色

一个人的语言，在很大程度上可以反映出一个人的一些情况。言谈语气表达出来的信息有真实与不真实之分，要想准确识别单凭感觉是不够的。你不仅要分析他人的话中之意，更要分析其言外之意。同时，还要捕捉一些相关的细节加以补证。假如不善于分析他人的言论，辨其是非善恶，也就无法正确考察一个人的本色。

语速体现人的性格

人类有自己的语言，这是人类和动物相区别的主要特征之一。人在说话时，不是动物的怒吼，不是一种本能的释放，而是在进行思想的交流，同时也是心理、感情的流露，其中，语速的快慢、缓急直接体现出人类的感情状态和心理特征。

实验研究表明，人类的语速能够反映出其心理健康的程度。一个心理健康、感情丰富的人在不同的环境下会表现出不同的语速。

声音在不知不觉中变小者为内向型人，讲话的时候窃窃私语，或仿佛耳语一般，小声嗫嚅的人，一定是属于内向型的人。

内向型的人常常会在无意识之中跟他人保持一定的距离，而且还会采取内闭式的姿势，那就意味着“我不希望你能了解我的心事”以及“不想让初次见面的人一下看穿我的心意”，当然，也就不会畅所欲言了。

内向型的人对他人的警戒心特别的强烈，而且认为不必让他人知道与自己相关的事情。正因为如此，他连自己应该说的话也懒得说出口，一心想“隐藏”自我，声音当然也就会变成嗫嚅了。

这样的情况不仅是在一对一的聊天时如此，在会议上的发言也是如此，由于他并不想积极地说出自身的看法，以致欲言又止，变成了喃喃自语似的，声音很小，又很缓慢。说话的时候，常常不是明确而直截了当地讲出来，总是喜欢绕着圈子，使听的人感到焦躁不安。这样的人即使是对于询问也不会做出明确的答复，态度优柔寡断，给人一种索然无味的感觉。

内向型的人对他人的警戒心理固然相当强烈，但是内心很温和，为了使自己的发言不伤害到其他人，总是经过慎重的考虑之后才说话，同时又担心自己的意见将造成自己跟他人的对立或被人误解，因而总是惴惴不安。

由于胆怯又很容易受到伤害，而且过度害怕错误以及失败，只好以较微弱的声音娓娓而谈，或许他认为这种说话方式最安全。

但是，对于能够推心置腹的亲友以及家属也就不一样了，对于这一类尤为亲近的人，内向型的人都会解除警戒心，彼此间的距离也被拉近了。因此，能够以爽朗的大嗓门以及毫不掩饰地态度跟他们交谈，能够很自然地露出笑容。

善于随声附和，说话速度稍快，说起话来仿佛在放鞭炮似的，几乎都属于外向型的人。

外向型的人善于交流，能说会道，且言语流畅，声音的抑扬顿挫富于变化，一旦想到什么事情，就会毫不考虑地说出来，有时又会把自己的身体挪近他人，说到眉飞色舞的时候，口沫横飞，甚至会把他人的话拦腰一斩，以便贯彻自己的主张。

即使还不到此种地步，这种人说话的方式仍然显得周到而且清晰，即使是对于初次见面的人，他也能够以亲切的口吻与之交谈，脸上浮着微笑，不时地点头。

当对方的意见、想法等等跟他要说的意思一致的时候，他就会随声附和地说："就是啊……就是啊……"并且眨动着眼睛，因为对外向型的人而言，跟他人同感，一唱一和之事，乃是至上的快乐。

外向型的人跟别人碰面的时候，只要彼此交谈，就能够使他的性格更加的鲜明。所以，一旦话说到投机处，就无法控制，不断地涌出更多的话题，好似有取之不尽的"话源"似的，有时话题变得支离破碎，无法再度接合，他仍然会喋喋不休。因为对他而言，"开讲"本身就是一件极为快乐的事情。

外向型的人能够在毫不矫揉造作之下，以开玩笑的口吻介绍他自己。有时连自己的可笑的事，他都敢于说出来，博得对方一笑，因为他是一根肠子通到底的人，什么事情都不隐瞒，不在乎大家都知道他的事。

即使事后自己也认为"说得太过火"，他也不会表示后悔。以后谈话、聊天照常"过火"。正因为他具有不拘泥于小节的性格，对于过去的事情很少去计较或者后悔，有时他甚至会忘记自己说过的事情，一旦对方提醒，方才搔着头说："哦！我那样说过吗？"

正因为如此，他喜欢想到哪儿说到哪儿。乍看之下，这种人似乎轻率而欠缺考虑，事实上，他们懂得配合对方的说话速度，一面看着对方一面交谈，同时更能够缓急自如、随机应变地改变话题，为的是不想扫对方的兴，因此，我们可以说，这种类型的人很善于社交式的交谈。

总而言之，外向型的说话方式都很注意一个目标，那就是给周围的人快乐而轻松的气氛，这是因为他们喜欢跟周围的人一起欢笑，甚至一块儿抱头痛哭的缘故。

闻声辨人有法可循

声音辨人术是指通过声音来识别人才。浅层的理解，是指听到一个人的声音（不仅仅是说话的声音，也包括脚步声、笑声等），就能知道他是谁，前提必须是对此人的声音很熟悉，一般在朋友、亲人之间才能辨别，这只是辨别人的身份；高层次的理解，是由声音听出一个人的心性品德、身高体重、学历身份、职业爱好等。这是一个很复杂的判断过程，既有经验的总结，又有灵感的涌动。声音可细分为声与音两个概念，既可由声来识人，又可由音来识人，但在实际运用中，多是由声音即两者同时来识别人。

声音最能陶冶性情，战鼓军号能使人精神抖擞，小鸟的鸣啭能让人心旷神怡。声音给我们带来的享受竟是排在首位的，就连人类的求偶活动也同鸟一样，是从婉转的声音开始的，所以人在青春期对各种甜言蜜语和流行歌曲的反应都很强烈。

从生理学和物理学的角度看，声音是气流冲击声带，声带受到振动引起空气振动而产生的，这既是一种生理现象，又是一种物理现象，心动为性——“神”和“气”——性发成声。意思是讲，声音的产生依靠自然之气空气，也与内在的“性”密不可分。声音又与说话者当下的心理活动密切相关，轻重、缓急、大小、长短、清浊都有变化，这与人的特性也是息息相关的，这也就是闻声辨人的基础。

人们的声音，由于健康状况，生存环境，先天禀赋，后天修养等不同而不同。因此，声音不仅在一定程度上表现着一个人的健康状况，而且还在一定程度上表现着一个人的文化品格——他的雅与俗、智与愚、贵与贱（这里指人格修养）、贫与富。

古人历来比较重视声音，认为声音是考察人物的一个组成部分，在深入观察和研究的基础上，按照阴阳五行的原理，把声音分为：

金声：特点是和润悦耳

木声：特点是高畅响亮

水声：特点是时缓时急

火声：特点是焦灼暴烈

土声：特点是厚实高重

说话者，假如气发于丹田（丹田是道家修炼气功的术语，在人脐下三寸处），经胸部直冲声带，再经由喉、舌、齿、唇，发出的声音与仅用胸腔之气冲击声带而来的声音，气度不一样，节奏不一样，效果也有悦耳与沙哑的差别。声带结构不好，发出的声音不会动听，但假如经由专门的发声练习，是可以较大程度地改变声音效果的。

丹田的气充沛，因此，声音沉雄厚重，韵致远响，这是肾水充沛的征象，由此可知其人身体健壮，能胜福贵。同时，丹田之气冲击声带而来的声音洪亮悦耳，柔致有情，甜润婉转，给人舒服浑厚的美感。

发于喉头、止于舌齿之间的根基浅薄的声音，给人虚弱衰颓之感，显得中气不足，这也是一个人精神不足、身体虚弱、自信心不足的表现。

以声音来判断人的心性才能，尚有很多未知的空白，而且可信度有多高，也尚未定论，但其中的奥妙，是值得研究的。其基本原则并不只是悦耳动听、洪亮高亢。

《礼记·乐记》云："凡音之起，由人心生也。人心之动，物使之然也。感于物而动，故形于声。声相应，故生变。"对于一种事物由感而生，必然表现在声音上。人的声音随着内心世界的变化而变化，所以说："心气之征，则声变是也。"

声音不但与气能结合，也和心情相呼应。因为声音会随内心变化而变化，所以：

内心平静声音也就平和；

内心清顺畅达时，就会有清亮和畅的声音；

内心渐趋兴盛之时，就有言语偏激之声。

这样不就可以从一个人的声音判断一个人的内心世界吗？有关这方面的知识，《逸周书·视听篇》讲到的四点值得研究：

内心不诚实的人，说话支支吾吾，这是心虚的表现；

内心卑鄙乖张的人，心怀鬼胎，因此声音阴阳怪气，非常刺耳；

内心宽宏柔和的人，说话声音温柔和缓，如细水长流，不紧不慢；

内心诚信的人，说话声音清脆而且节奏分明，这是坦然的表现。

当今心理学也认为，不同的声音会给人不同的感受，有以下几种类型：

音低而粗。这类人较有作为、较现实，或许也可以说是比较成熟潇洒，较有适应力。

声音洪亮。此类人精力充沛，具有艺术家气质，有荣誉感，有情趣，热情。

讲话的速度快。此类人朝气蓬勃，活力十足，性格外向。

外带语尾音。这类型的人，精神高昂，有点女性化，具有艺术家的气质。

以上这四种类型的声音，不论在交易或说服的工作上，都具有较为积极的作用。同样也有产生负面作用的声音：

鼻音。大部分人都不喜欢这种声音。

语音平板。较男性化，较沉默，内向冷漠。

使人产生紧张压迫的声音。这类人很自傲，喜以武力解决事情。

当然，这也不能一概而论，什么声音好，也与谈话的地点、对象、内容有直接的关系。

由言谈的方式读懂对方心理

在人们的日常生活中，语言起着举足轻重的作用，几乎每一个人都离不开语言，每个人都要说话，但为何是同样的一句话在不同的人嘴里说出来，会产生不同的效果呢？其关键就取决于说话者言谈的方式不同，细心观察的人就可以从一个人的言谈方式中把握对方的心理活动。

善于倾听的人。大部分是一个富有自己缜密的思维、独特的思想，而又性情温和、谦虚有礼的人。他们或许并不太能引起别人的注意，但通过一段时间的交往，一定会得到别人的依赖与尊重，他们善于思考，虚心好学，是值得信任的朋友。

能说会道的人。大多数人的反应速度快，思维比较敏捷，随机应变的能力强。他们善于交谈，与他人讲大道理，以显示自己的圣明。该类型的人圆滑世故，处理各种各样的问题都显得很老练，他们在绝大多数时候会很招别人的喜欢，因此人际关系会很不错。

在说话中常带奇思妙语者。他们大多比较聪明和智慧，具有一定的幽默感，比较风趣，而且随机应变能力强，常会给他人带来欢声笑语，很招人喜欢。

在谈话过程中转守为攻者。多心思缜密，遇事能够沉着冷静地面对，随机应变能力强，能够根据形势适时地调节自己。他们做事一向稳重，从不做没有把握的事情，总是首先保证自己不处于劣势，然后再追求进一步的成功。

与人交流过程中，能够运用妙语反诘的人。不但会说，而且还会听，当发现形势对自己不利的时候，能够及时抓住各种机会去反击，从而使自己处于主动的地位。

善于根据谈话的进行，适时地改变自己言谈的人。大都是头脑比较灵活，能够在极短的时间内，准确地分析自身的处境，然后寻找恰当的方法得以解脱。

言谈十分幽默的人。多感觉灵敏，胸襟豁达，心理健康，他们做事很少死板地去遵循一定的规则，甚至完全是不拘一格。他们十分灵通、圆滑，显得聪明、活泼，有很多人都愿意与他们交往，因此会有很多的朋友。

在谈话过程中，常常说一些滑稽搞笑的话以活跃气氛的人。待人多比较亲切和热情，并且富有同情心，能够顾及他人的感受。

在与人谈话期间，善于以充分的论证论据说服他人的人。大多是相当优秀的外交型人才。他们能够通过自己独特的洞察力，对他人进行一不定的了解，然后令自己占据一定的主动地位，使他人完全按自己的思路走，以赢得最后的胜利。

自嘲是谈话的最高境界，善于自我解嘲的人。多有比较乐观、豁达、超脱、调侃的胸怀和心态。

在谈话中善于旁敲侧击的人。多能听出一些弦外之音，又较圆滑和世故，常做到一语双关。

在谈话中软磨硬泡的人。多有较顽强的性格，有一股不达目的誓不罢休的精神，一直等到对方实在没有办法，不得不答应，才罢手。

在谈话中滥竽充数的人。多胆小怕事，遇事推卸责任，凡事只求安稳太平，没有什么野心。

避实就虚者。常会制造一些假象去欺骗、糊弄他人，一旦被揭穿，又寻找一些小伎俩以逃避、敷衍过去。

固执己见者。从来听不进他人的意见和建议，哪怕他人是正确而自己是错误的。

口头禅反映人的真实内心

一般来说，从一个人的口头语言就可以非常快速地了解他。因为口头语言是说话习惯的一部分，它是我们每个人在日常生活当中不知不觉就形成的一种特有的话语风格。从另一个角度来看，人们都会在不自觉的情况下使用自己的口头语言。

很多人说话时常常在无意之中高频度地使用某些词语，形成了人们所谓的“口头禅”，而这些语言习惯最能体现说话人的真实心理和个性特点。因此，只要留心，就可以从一个人的“口头禅”中窥见一个人的内心世界。

喜欢运用流行词汇的人，热衷于随大溜，比较夸张。这样的人独立意识不强，而且没有自己的主见，容易随波逐流。

喜欢运用外来语言和外语的人，爱卖弄和夸耀自己，虚荣心非常强。

喜欢使用方言，并且还底气十足、理直气壮的人，自信心很强，富于独特的个性。

喜欢使用“这个”、“那个”、“啊”等等词语的人说话办事都比较谨慎小心。这样的人就是我们所说的好好先生，他们对人对事都非常温和，绝不会随意生气。

喜欢使用“最后怎么样怎么样”之类词汇的人，大多潜在欲望没有得到满足。

喜欢使用“确实如此”的人，多浅薄无知，自己却浑然不知，还常常自以为是。经常使用“我”之类词汇的人，不是代表着软弱无能、总想求助于别人，就是虚荣浮夸，寻找各种机会表现自己，希望自身能够引人注目。

喜欢运用“其实”的人，表现欲较为强烈，希望能引起他人的注意。他们的性格大多任性倔强，而且非常自负。

喜欢使用“真的”之类强调词汇的人，大多缺乏自信，害怕自己所说的话无人相信。遗憾的是，他们这样再三强调，反而会更加引起别人的疑心。

喜欢使用“你必须”、“你应该”等命令式词语的人，多专制、固执、骄横，有强烈的领导欲望，并且永不满足。

喜欢使用“你看”、“我觉得”之类词汇的人，一般较和蔼亲切，待人接物时，也能做到客观理智，冷静地思考，认真地分析，然后作出正确的判断和决定。他们不会独断专行，能够给予别人足够的尊重，同样也会得到别人的尊重和爱戴。

喜欢使用“我要”、“我想”、“我不知道”的人，大多思想单纯，爱意气用事，情绪不是十分稳定，会让人捉摸不定。

喜欢使用“绝对”这个词语的人，做事十分草率，容易主观臆断，他们不是太缺乏自知之明，就是自我意识太强烈了，让别人很难接近。这种喜欢说“绝对”的人，大多有一种自爱的倾向，有时他们的“绝对”被人驳倒之后，为了隐瞒自己内心的不安，总要找一些理由来加以解释，总想让自己的东西被人接受。其实，别人不相信他们的绝对，他们自己也不相信这样的“绝对”，只不过是为了维护自己的所谓尊严而强撑着。

而另外一些口头语出现频率极高的人，大多做事情犹豫不决，意志软弱。那些说话时没有口头语的人，这并不代表他们从未有过，可能以前有，但后来逐渐地改掉了，这表现出一个人意志坚强，说话非常简洁明了。

如果想要从口头语言上更多地了解一个人，从而非常自如地驾驭你的对手，那么你就要在与对手打交道的过程中多花费点心思，仔细认真地揣摩，时时刻刻地回味分析。用不了多长时间，你就能迅速地从口头语言上了解你的对手。最为重要的是，每一次了解的过程都能够让你一眼就看透，切中要害。

从闲谈中破译他人的心态

从语言密码中破译他人的心态，闲谈是了解他人的一种最好的方式，整个氛围显得轻松愉快，又让他人心理上没有防线。

与人谈话时，一些见识浅薄，没有心机的人就会很容易地把自己的不满情绪倾诉给你听。对于这种人，你不应和他保持更深更多的交往，只需当作一个普通朋友就行了。

如果说与别人刚刚认识，交往一般，而对方就忙不迭地把心事一股脑儿地倾诉给你听，并且完全是一副苦口婆心的模样，这在表面上看来是很容易令人感动的。然而，转过头来他又向其他人做出了同样的表现，说出了同样的话，这表示他完全没有诚意，绝不是一个可以进行深交的人。这种人对一切事物都没有什么深刻的印象，千万不要附和他所说的话，最好是不表示任何意见，只需唯唯诺诺地敷衍就够了。

另外，还有一类人，他们唯恐天下不乱，经常喜欢散布和传播一些所谓的内幕消息，让别人听了以后感到忐忑不安。其实他们这样做的目的是引起别人的注意，满足一下他们不甘久居人下的虚荣心。他们并不是心地太坏的人，只要被压抑的虚荣心获得满足之后，天下也就太平了。

善于倾听的人，其表现是支配者的形态，此类人的谈话从不涉及自身的事情，或有关自己身边人的话题。他们的话题反而是涉及他人的某些琐事，或对方的隐私秘闻，甚至对他人的一举一动或每条花边新闻都捏着不放手，这是完全彻底地侵犯他人的隐私。

从男女异性的角度而言，表示你很关心对方，或者极度热爱对方，因为你是个忠诚的倾听者。

像这样的倾听者，十分喜欢把话题的重点放在跟自己完全无关的人、名人、歌舞影星的花边新闻轶事方面，这说明他的内心存在一种起支配作用的欲望。

由此可以得出，此类人沉迷于闲谈名人或明星风流事的人，同时也说明此类人很难拥有真正的知心朋友。这类人或许是由于内心生活非常孤独，没有生命的激情。一个人过于关心自己不太熟悉的事情，并且非常热心去谈论他们，都是表示他们内心世界的空虚和孤独。

在日常生活过程中，还有一类人，他们无论在怎样的场合，与他人交谈的时候，都习惯把话题引到自己的身上，吹嘘自己当年怎样奋斗的经历。唯恐他人不了解他的光荣历史，而结果，并不像他想象得那样好。

实际上，从某个方面来分析这类人，不难发现他是一个对现实不满的人，虽然他没有用怨恨的语言倾诉他自身的想法，相反却用自我表现的方式表达出来。其实，他还不知道这种自我吹嘘的言谈，很难适应时代的变化。或许他是个不折不扣的失败者，完全靠怀旧来过生活。不过，可以看出他的确陷入某种欲求不满的环境中，或许他的升职途径遭受到阻碍，或者无法适应目前所处的环境。因此，他希望忘却现实，喜欢追寻往事来弥补目前的境遇。

这是一种倒退的现象，因为眼前的情况是如此的残酷，由此，他仍用梦幻般的表情来谈。从他的话题里，别人会发现他的内心深处正潜伏着一股无可救药的欲求和不满的情结。

分析一个人内在表现的时候，他的潜在欲望不但隐藏在话题里，也存在于话题的展开方式上。在聚会上，大家彼此正在交谈时，突然有人竟然不顾别人的谈话，而突然插进毫不相干的话题，这是相当令人讨厌的方式。

有些人在与别人谈话的时候，常常会把话题扯得很远，让人摸不着头绪，或者不断地变换话题，让人觉得莫名其妙。这说明此类型的人有着极强的支配欲和自我表现意识，在他的意识中，很少把别人放在眼里，而完全摆出我行我素的模样，让别人都去听从他的主张，以他的意见为主导。

一般说来，一个政府官员或一个企业的领导，都会有滔滔不绝的谈话习惯，其实，透过这种表面的现象，可以看出他担心大权旁落的心理状态。也可以说，他是一个喜欢占据优势地位的人。

话题的内容不断变化固然是个好现象，但谈得离谱，一切显得毫无头绪的样子，那就会使听众感到索然无味。假如他是个普通人，总谈些没有头绪的话题，或者不断改变话题，东拉西扯，那就表示他的思想不集中，给别人留下支离破碎的印象。这说明他是个缺乏理性思考的人。

一个优秀的谈话者，是很少谈及自己的事情的，而是将他人引出来的话题整理、分析，不断地从对方身上吸取有用的情报或观点。在一般情况下，有的人将全部注意力放在倾听别人的谈话上，从性格上来看，这一类型的人容易理解别人的心思，而且具有宽容的精神，有真正的君子风度。

常常使用与英文连接词“and”意义相当的词如“嗯……还有……”、“这些……”、“那些……”的人，表示他的话不能有条理地进行，思绪无条理，思考无头绪；但即使使用同样的连接词，经常用的与“but”意义相当的“但是……”、“不过……”的人，一般可以认为其思考力较强。当他们在讲话的时候，脑子里还会浮现相对语以求过滤求证。所谓的能言善辩、头脑敏锐的人，就是指此类人。但是假如此种语调反复出现多次，其理论也随之翻来覆去，迫使对方紧随不舍，就会在不知不觉中被别人牵着鼻子走，失去了招架之力。

经常使用这种表现手法的人，多数比较慎重，也正是这个原因，说话时难免会出现时断时续的情况，只好在重新整合之后，才可以继续说下去，这是一种缺乏自信心的表现。

宋代文学家苏东坡，他极具有语言的天赋，雄辩无碍的他，却十分注重别人的谈话。有时和朋友在一块聚会，他总是能静下心来，听朋友们高谈阔论。在一次聚会中，米芾问苏东坡：“别人都说我癫狂，你是怎么看的？”苏东坡诙谐地一笑：“我随大溜。”众友为之大笑。即使是朋友之间不同的观点，他也以“姑妄言之，且姑妄听之”的态度来对待。

从客套话中看清对方

在人际关系中，最容易被破译密码的语言就是客套话。客套话的存在，是社会发展的必然结果。但要恰到好处的使用客套话，如果过分牵强而显得不自然，说明此人别有用意；粗俗语则是客套话的反面。一些人会对自己心仪之人，突然冒出随意的言语，用来表示双方的关系非同一般，给人以亲密之感。

在没有任何隔阂的人际关系中，并不需要使用客套话。不过，在这种亲密的人际关系里，突如其来地夹入几句客套话的时候，就必须格外小心。有时候，男女朋友之某一方，使用不同于寻常的客套话时，心中很有可能有别的想法。

某些都市的人，对乡下人说话很客气，从另外的一个角度看，是一种强烈的排他性表现。因此，往往无法与人熟悉，只是给人以冷淡的印象。

客套话使用过多，不见得是完全表示尊敬，往往也可能含有很多轻蔑与妒忌因素。同时，在无意中会将他人与自己隔离，其具有防范自己不被侵犯的预防功能。

如果说你张口闭口都爱搬出一大堆晦涩难懂的词语，就会让人有一种走错庙门的感觉。实际上，他仅仅是一个用语言来防卫自身弱点的人，他之所以这样做，无非是加强说话的分量，同时也表示自己的见多识广，来抬高自己的身份或扩大自身的影响。

第五章

行为察人：通过行为动作探察心机

在人的行为动作中，通常隐藏着大量真实的信息，反映了人的心态、性格、感情和欲望等等，这些信息往往是慢慢聚集清晰的。我们可以通过一个人的行为和动作来探察他真实的心机，从而见机行事。我们的难度在于必须提前做出判断和反应，否则，恐怕就会比较被动了。

言谈举止会泄露内心的秘密

常言道：知人知面难知心。单从一个人的外在表现来看，很难真正地了解一个人。但是，人们在言谈举止上，就会无意识地泄露自己的内心世界，如果你能掌握洞察的奥秘，就能够识破别人的心机。

人们常常制造出一些表面的言谈举止进行自我包装，也就是我们常说的“装模作样”。

在身体语言学上，叫做“戴面具”。每个人都是一样，无一例外。人们给外界看的脸孔多数是另一个脸孔，即人们的言谈举止很少表示我们真正感受到的东西。

人们的外表印象向朋友或者熟人传递着一种人体语言信息。戈夫曼博士观察到，经我们仔细护理并戴在脸上的面具有时会突然松下来，使我们在一种暂时的衰竭状态下显示我们的本来面貌，这是由于疲倦或愤怒而忘记了继续包装我们的面孔。不妨仔细看看下班后高峰时坐在地铁中的乘客、挤满人的公交车，不难发现，人们的存在突然变得不加修饰，他们真实地以各种本来面貌出现。

人们每天都在隐藏自己真实的面貌，经过仔细地自我包装，不让人体发出体现自我真正意识的信号。人们不断地笑，因为笑不仅表明欢乐，而且用来作为请求、自我捍卫及道歉的手段。

在一家饭馆里，当你必须坐到另一位客人旁边的时候，你的微笑表示：“我不想打扰你，但这是唯一的一个空位子。”

在坐满人的电梯里，你被迫挤了别人，你的微笑意味着：“我不想侵犯你，可人太多了请你能够见谅。”

在一辆突然刹车的公交车里，你被“扔”到了他人身上，你以微笑道歉：“对不起。”

人们就这样整天地笑，哪怕很生气，很愤怒，也照样微笑。向顾客微笑，向上司微笑，向领导微笑，向丈夫或妻子微笑，向亲戚微笑，向孩子们微笑，只是人们的微笑很少有真正的意义，很简单，它是人们戴着的一副面具。

人们的面具不光是戴在脸上，而是全身都可以戴上伪装的面具。这就好似人们装修房子，不仅要装修客厅，而且连厨房、卫生间都要装修一样。假如你读过曹禺的《日出》，你一定记得剧中的人物，42 岁的大丰银行秘书李石清与他太太李素贞的一段对白。这段对白是由李石清叫他老婆去陪他的上司们打牌而引起的。为了老婆能够去陪上司打牌，李石清当掉了自己的皮大衣。当他把 80 块钱给老婆的时候，李素贞硬是不愿意去陪上司打牌。

她对李石清说：“你想，在银行里当个小小的职员，一天累到死，月底领了薪水还不够家用，也就够可怜的；下了班还得陪着这些上司们打牌、应酬。孩子生病的时候，没有钱找医生治，还是得应酬。”

听了老婆这些唠叨后，李石清发了一通对社会不满的议论，然后，叹口气说：“要不是为了咱们这几个可怜的孩子，我肯这么厚着脸皮拉着你，跑到这个地方来吗？陈白露是个什么东西？舞女不是舞女，娼妓不是娼妓，姨太太又不是姨太太，这个老混蛋看上了她：老混蛋有钱，我就得叫她小姐；他说什么，我也说什么；可是你只看见我把他们当作我的祖宗来奉承。素贞，你没有感觉到有时我是怎么讨厌我自己，我这么不顾脸面，连人格都不顾地来巴结他们！我四十多岁的人，成天鞠着躬跟着这帮人，甚至于像胡四这个贱东西，我一个一个地都要奉承，拉拢。我，李石清，一个男子汉，我——”他低下了头。

从这段话中，我们看到李石清“成天鞠着躬”是个外表，内心里充满了仇恨。正如他爆发脾气时所说：“这个社会没有公理，没有平等。什么道德、服务，那些都是他们骗人的。你按部就班地干，做到老也是穷死。只有大胆地破釜沉舟地跟他们拼，或许还有翻身的那一天！”可见，他的内心是恨上司们，要“跟他们拼”，但这只是给老婆说，一见到上司们，他马上又是“鞠着躬”。

从身体语言上说，李石清所做出的“鞠着躬”的动作，就是一副面具，正是这面具隐藏了他的真实内心世界。

由此可见，人们总是用面具来隐藏自己的真实感受。但是在某些场合，我们会自动拿掉面具，比如在小汽车里，我们的空间变小了，觉得更自由了，于是取下了面具。

因此，人们虽然可以戴上面具，用面具来掩饰自己真正的想法，但却不能掩盖本能的反应。人的面部表情或是肢体动作，其实就是一个反应心中到底在想些什么的“心灵显示器”，注意观察别人在不经意间流露出的身体反应。

从对方的一举一动或是一颦一笑中，你就能够洞悉他的内心世界，千万不要被表面的面具所迷惑。

通过手势识人

在与人交往中，手势已经成了其中很重要的一部分，它起着加强语言的力量，丰富语言的色彩等补充和说明的作用。更有时候，他甚至能够成为一种独立而有效的语言进行使用，它还可以帮我们看准一个人。

当然，这些手势都是在生活当中约定俗成的，大家都懂得，但这些手势在不同的地区、不同的国家、不同的宗教信仰和文化背景下，对它们的理解可能会有一些差异。

一般来说，有意图的手势传递的信息量往往更大，如挥手表示再见；双手比画一定的尺度大小；竖起大拇指表示对某人的称赞；竖起小拇指则表示轻蔑；食指弯曲与拇指接触，呈圆形，其余三指张开，表示某件事情已经完成，即“OK”；而拇指和食指伸直，呈垂直状态，其余三指并拢，成大致的枪形，则表示怀有某种仇恨，有发泄的欲望等等。

喜欢把手指放到嘴边咬指甲或是吮吸手指的人，无论外表多么高大健壮，在精神和心态上他们还是比较幼稚的，因为真正成熟的人绝对不会有这样的行为。

通常，一个人的手指若不停地动弹，多是他目前正处在一种非常紧张的状态中，而感到无所适从，凭借这种方式来转移自己的注意力，以缓解紧张的心理。用手指轻轻地敲打桌面，暗示这个人可能陷入某种困境当中或是在思考解决问题的办法；或是处在犹豫之中，不知道某个决定到底是该下还是不该下；也有可能是这个人不耐烦，用这种方式来减轻一下烦躁的情绪。

一个人如果经常做出让人感觉到非常有力量的手势，说明这是一个有勇气、有魄力，凡事敢作敢当，能够承担一定责任的人。这一类型的人做事非常果断和坚决，一旦想做，就会付诸行动，而且有一定的韧性和毅力，不会轻易放弃。

一个人如果经常有一些无聊的手势和动作，说明这个人的自制能力比较差，且比较重视表面化的一些东西，虚荣心和表现欲望比较强烈。

在与人交往中，突然用两手紧紧地抱住胳膊，身体稍微有些向后抑或是双手叉腰，身子前探，这都表示对对方的话持不赞成的态度。

在听人讲话时，把双手插进口袋里，这是一种很不礼貌的行为表现，会让对方产生一种不被信任的感觉。

在说错某一句话时，赶紧用手捂住嘴，做遮掩之势，这样的人多性格比较内向，而且腼腆，说错话以后会非常后悔，并感觉不好意思或惴惴不安。

双臂交叉也有含义

将双臂交叉抱于胸前，是一种防御性的姿势。防御来自眼前人的威胁感，保护自己不产生恐惧，这是一种心理上的防卫，也代表对眼前人的排斥感。

这个动作似乎在传达着“我不赞成你的意见”、“嗯，你所说的我完全不明白”、“我就是不欣赏你这个人”。当对方将双臂交叉抱于胸前与你谈话时，即使不断点头，其内心其实对你的意见并不表示赞同。

也有一部分人在思考事情的时候，习惯将双臂交叉抱于胸前，但是一般而言，具有这种习惯的人，基本上是属于警戒心强的类型。他们在自己与他人之间画下一道防线，不习惯对别人敞开心胸，永远和对方保持适当的距离，冷漠地观察别人。

日本的著名演员田村正在电视剧中经常摆出双臂交叉抱于胸前的姿势，也由此他给观众的感觉，不是亲切坦率的邻家大哥，而是高不可攀的绅士。他不是那种会把感情投入对方所说的话题中，陪着流泪或开怀大笑的类型；他心中好像一直藏有心事，在自己与他人之间筑起一道看不见的墙。这种形象和他习惯将双臂交叉抱于胸前的姿势，似乎十分符合。

个性直率的人一般肢体语言也较为自然放得开。当父母对孩子说“到这边儿来”，想给孩子一个拥抱的时候，一定会张开双臂，揽孩子入怀。试试看将双臂交叉抱于胸前对孩子说“到这边儿来”，孩子们绝不会认为你要拥抱他，而是担心自己是否惹你生气，要准备挨骂了。

防卫心强的人，大部分在幼儿时期没有得到父母亲充分的爱，比如：母亲没有亲自喂母乳、总是被寄放在托儿所、缺乏一些温暖的身体接触。在这种环境之下长大的人，很容易表现出此种习性。

观察一下对方，是习惯将双臂交叉抱于胸前、还是自然地放于两旁呢？自然放于两旁的人，较为友善易于亲近，并且可以很快与你成为好朋友。但是，假如你有不想告诉他人的秘密，又想找人商量的时候，请选择习惯将双臂抱于胸前的人。因为太过直率的人守不住秘密，而喜欢双臂抱胸的人会将你的秘密守口如瓶。但是，要和这种人成为亲密的朋友，可能要花上一段很长的时间。

由走路方式看一个人的个性

英国心理学家莫里斯经过研究发现一个有趣的现象：人体中越是远离大脑部位的动作，越是可能表达其内心的真实感情。从脸往下看，手位于人体的中间偏下部位，诚实度可以算中庸，研究发现，人们或多或少在利用手来说谎。脚离大脑的距离最远，相比之下人的脚部要比其他部位“诚实”得多，因此，脚的动作能够泄露人们独特的心理信息。

与其他的肢体语言一样，脚的动作也有其特殊意义。汉语中很多词语都是用来描述脚的动作的，例如轻、重、缓、急、稳、沉、乱等。这些形容词与其说是描写脚步，不如说是在描述人的心态：稳定或失衡，恬静或急躁，安详或失措等。

由此，人们能够从“脚语”来判断一个人的性格或心情。

行为学家明确指出：“在一般情况下，要判断对方的思想弹性如何，只要让他在路上走走，就可以基本了解了。”一个人的心情不同，走路的姿势也就不同；每个人的秉性各异，走起路来也有不同的风采。

走路低头的人沮丧。有的人走路的时候总是拖着步子，把两只手插进衣袋里，头常常低着，只埋头拉车，不抬头看路，不知道自己最终要去哪里。这样的人往往是碰上了难以解决的问题，到了进退维谷的境地。

很多快要走入绝境的人常常有这样的表现。

走路前倾的人谦虚。有的人走路总是上体前倾，而不是昂头挺胸。这种人的性格比较内向和温和，为人比较谦虚，一般不会张扬，很注意严格要求自己，很有修养。他们的脚步有时很慢，不时还会停下来踢一下石头，或者捡起什么东西来看一下，然后又丢下。从一般的情况看，有这种行为的人往往心事重重。

走路沉稳的人务实。有的人走路从来都是不慌不忙的，哪怕碰到了最重要最紧急的事。这种人办事历来求稳，无论做什么事情都要“三思而后行”。这样的人比较讲究信义，比较务实，一般来说，工作效率很高，说到做到。

走路两手叉腰的人急躁。有的人走路两手叉腰，上体前倾，就像一个短跑运动员。他们可能是一个急性子，总希望在最短的时间之内跑完急需走完的路程。这种人有很强的爆发力，在要决定实施下一步计划的时候常常表现出这样的动作。在这段时间里，从表面上看，他们处于沉默的阶段，好像没有什么大的举动。其实，这叫“此时无声胜有声”。他们的这种动作，实际是一个大大的“V”形，正是他们在告诉别人，胜利正在向自己走来，你们就等着我的好消息吧！

喜欢踱步的人善于思考。就姿态而言，这是非常积极的姿态。但是若旁人对踱步者讲话，则可能使他思绪中断，并且干扰到他正想做的决定。多数成功的推销员了解：要让踱步的顾客单独思考是否决定购买自己所推销的商品，不要去打扰他，这点是很重要的。当他们想要问问题时，才让他停止踱步思考。有许多成功的谈判乃至于一方咬着舌头不吭气，让另一方继续决策行为，在地毯上踱方步。

高抬下巴走路的人傲慢。有的人走路的时候，下巴高高地抬起，手臂很夸张地来回摆动，腿就像采高跷一样显得比较僵硬。他们的步子常常是那样的稳重而迟缓，好像刻意要在别人的心目中留下深刻的印象。这种人非常傲慢，如果不想与这样的人对抗，在他们的面前最好表现得谦虚一点。

漫步的人外向，端步的人内向，有的人走路总是不正规，就像玩儿似的，一点儿也不规范。这种人与喜欢踱步的人正好相反。他们属于外向型的人，对周围的一切事情都感兴趣。这样的人对什么事情都不会很认真，可以接受各种各样的意见。人们称之为曲线型的人。

因此，泄露人的心理活动这一方面，脚是最诚实的部位，所以对此加以了解是必要的。

站姿体现人的风采

站立的姿势也可反映一个人的性格特征。一些人在站立时，抬头、挺胸、收腹，两腿分开直立，两脚掌呈正步，像松树一样挺拔。这种人一般健康自信，因为自信，所以这种人做事雷厉风行，魄力十足；这种人很富有正义感、责任感，很受人们的青睐。

与之相反，站立时弯弯曲曲、头部下垂、胸不挺、眼不平的人，则是自信心不足，做事畏缩不前，对风险和责任望而生畏。这种人可能大多因为心术不正，做事不地道而心虚，所以头抬不起，胸不敢挺。还有一种人也如此，那就是一辈子与药罐子为伍的人，当然，这种人不是不想挺直腰做人，而是因为病痛之故。

有一种站立姿势则是前面两种人的一个折中。这种人有着不倒翁的能力，他们遇着南风往北边倒，遇着北风往南边倒。为了不倾不斜，这种人极会阿谀奉承、拍马钻营之能事。这种人还善于伪装，伪装得让人觉得马屁拍的声音不大，但很温柔舒服。因此，这种人一般深藏不露，城府很深，有的甚至可以用心肠歹毒和阴险狡猾来形容，所以面对他们应该小心慎重。当然，他们这群人中也混有哪些缺乏主见、优柔寡断之人。

人们一般提倡丁字步的站姿：两腿略微分开，前后略有交叉，一只起平衡作用，身体的重心则放在另一只腿上。这样不显得呆板，既便于站稳，也便于移动。站立的姿势适当，你就会觉得呼吸自然、发音畅快、全身轻松自如，特别有助于提高音量。只有好的站姿，才能使身姿、手势自由地活动，才能把自己的形象充分地表现出来。站立时，只有给人以直、挺、高的美感，才是最好的站姿。

所谓“直”，就是站立时脊柱与地面保持垂直，在颈、胸、腰等处保持正常的生理弯曲，颈、腰、背后肌群保持一定紧张度。

所谓“挺”，就是在站立时身体各主要部位舒展，头不下垂，颈不扭曲，肩不耸，胸不含，背不驼，髋、膝不弯。

所谓“高”，就是站立时身体重心提高，并且重点放在两腿中间。

站姿是性格的一面镜子。我们应该细心观察周围的人，从他们站立的姿势语言去探知其性格心理。

脚部动作也会传达心绪

从脚的其他习惯动作中，也可以看出一个人的心绪。

说话时，身体挺直，两腿交叉跷起，这一姿势表示怀疑与防范。所以，在谈判推销商品或个人交往中，要注意那些“架二郎腿”的人。而对那些坐在椅子上而跷起一只脚来跨在椅臂上的人要引起足够的警惕，因为这种人往往缺乏合作的诚意，对别人的需求漠不关心，甚至还会对你带有一定的敌意。

在谈判时，当对方身体坐在椅子前端，脚尖踮起，呈现一种殷切的姿态，这极有可能是愿意合作，产生了积极情绪的表示。这时善加利用，双方就可能达成互惠的协议。

某人两只脚踝相互交叠，你就应注意此人是不是正在克制自己。因为人们在克制强烈情绪时，会情不自禁地将脚踝紧紧交叠，交易场上或其他社交场合中，当一个人处在紧张、惶恐的情况下，往往会做出这种姿态。

对于家庭里一对夫妇的双足交叉动作要特别留意，假如你是位推销员，对这个脚部动作要奉为圭臬。人们常常会放松地做一些交叉双足的动作。夫妻间的某方先行交叉自己的足，即可能表示其在家庭中所占的主导地位。

当顾客对会谈不感兴趣或感到厌烦时，常有重复不断地跷脚，一会儿左腿放在右腿上，一会右腿放在左腿上的动作，表示他不想谈下去了。

自然站立，左脚在前，左手放在裤兜里。这类人的人际关系比较协调，他们从来不给别人出难题，为人敦厚笃实。这种人一般喜欢安静的环境，给人的第一印象总是很斯文，但如果碰上比较令其气愤的事，他们也会暴跳如雷。

两脚交叉并拢，一手托着下巴，另一手托着这只手臂的肘关节。这种人往往对自己的事业颇有自信，工作起来非常专心。

两脚并拢或自然站立，双手背在背后。他们大多在感情上比较急躁，这种类型的人与他人一般都能相处融洽，可能很大的原因是他们很少说“不”。

自然站立时，偶尔抖动一下双腿，双手十指相扣在腹前，大拇指相互来回搓动。这种人表现欲望特别强，喜欢在公共场合大出风头。如果要举行游行示威，这种人充当的角色大都是扛大旗的。

人的心理处于紧张状态时，通常两腿便会不停地抖动，或者用脚轻轻地敲打地面。

双手交叉抱在胸前，两脚平行站立，很可能表明此人具有强烈的挑战和攻击意识。

从坐姿能窥探心机

坐姿是心灵的暗示。从坐的方式、坐的姿态、坐的距离中，都可以窥出一个人真实的意思，了解一个人心理上的动向。

在日常生活当中，人们的坐姿各具特色，千姿百态。每一种坐的方式，似乎是无意，而从这貌似随意的过程中，却可以探出其心理活动的规律。要正确地观察一个人的坐姿，就必须观察其三个基本要求：一是他坐下时与对方所保持的距离；二是此人对对方所采取的坐的方向；三是此人的坐姿是何种形态。

从坐的距离观人。谈到坐的距离，这个距离的大小，足可显示出侵犯对方身体空间的程度。也就是说，互不相干的人，假使距离过近，当然会产生不愉快或不安的感觉。彼此亦构成侵犯对方的领域。

相反，如果两人是情侣的话，即使身边空位再大，他们也会挤在一块儿卿卿我我。以此类推，同样是一个机关的工作人员，那些与领导沟通良好的人与对上级持有反感情绪的人员，其与上级之间选择座位的距离就会有所不同。

排座也相当有意思。领导赏识的人，或者想讨好领导的人会坐在领导的两旁或靠近的地方，以表示自己的忠诚与专心，而领导不喜欢的人，或对领导抱有不满情绪的人，通常会坐在离领导远的座位或者某个角落。这就表明了两者心理上的距离如同其座位间的距离一样大。

从坐的姿态观人。坐在椅子上时，有许多人马上脚就交叠或扶住椅把。坐在椅子上马上将脚交叠的人，是不喜欢输给对方且有对抗意识的表现。女性坐在车子里或客厅、办公室等地方，将脚经常交叠的也很多。

和上司或顾客谈生意时，或会面时脚交叠的时候，会被对方视为骄傲的人，有损对方对自己的印象。

女性两肘靠在桌面上交叠的时候，同时又不断反复交叠后放下，放下之后又交叠的时候，是很关心对方的表示。在交谈期间，先将脚叠起来的人，是表示自己的优势。另一种脚稍微叠起一点点是表示心里的不安。

从坐的场所观察人。一般的情况下，一般宁可坐旁边而不坐正面的人，是要推测对方的心理。在大酒店的俱乐部，女侍者往往坐在客人的旁边、情侣在一起的时候，都是这种心理的表现。但也有些不是情侣，而坐在自己旁边的时候，则也是推测心理的一种表现，但此外这也可能含有亲近感、爱情或者不安定的精神状态和邪念等。

坐在对方的正面的时候，是想使对方能够了解自己。此时的特征是观察、敬意、哀怨、拒绝、小心等。初次见面与在生意上与对方接触的时候，这种场面经常可以看到。因此，请客的时候，把主宾请坐上位的礼貌，也是由此开始的。

也有一部分人喜欢找靠近房间门处的座位坐下来。这种人的权力意识强烈，但同时另一方面也有谨慎之处。此时的特征含有警戒、小心和监视的意味。

乘车选座观人术。一般而言，素不相识的人在一个狭小的空间里，也会下意识地保留一定的空间距离。彼此不熟悉的人，靠得太近，容易引起他人心理上的不安和不快。在社会生活中，从这些乘车选座的小动作上，是可以了解一个人的很好机会。

就乘车来说，在始发站的车内，靠窗户两边的座位会有人抢着坐。这是因为最先上车的乘客总是想与其他人保持距离，尽可能找偏远位置而坐；其次，则选中央位置；然后，逐次坐填其他空位，直至坐满为止。

这种方式选择座位的人，大多数是属于性格拘谨、与世无争的人，他们缺乏积极的竞争意识，他们一方面维护自己的身体空间，另一方面也是尊重他人存在的一种表示。

但是，假使车内人潮汹涌的话，就无法有充裕的身体空间了。人们相互间挤来挤去，甚至动弹不得。这个时候人们就会产生不愉快的感觉，不仅是由于个人身体失去自由而引起的，也因为心中认为自己的固有空间受到侵犯而造成。处在这种状态中的人，就会试图忘记自己的存在，把视线投到漫无目标的方向去，犹如自己变成物体任意受人摆布。因为既为物体，就不需要有任何意识的感情存在，而得以泰然处之。

这是大多数人在一般人际关系中，选择座位的方式。也就是说，在没有感情好恶的特殊心理关系情况之下，谨慎的人大都会选择足以保护身体空间的座位。

坐姿稳若泰山型与浅坐型。对人们而言，站立的姿势，乃是最适合活动的一般状态。

我们在坐着的时候，往往以立刻站起来的姿势为前提。浅坐于椅子上的情况，就是一个例子，显得比较紧张，而且处于随时可采取行动的状态。在心理学中，称之为“警觉性高”。但是，一旦处于放松状态时，“警觉性”便会降低，而且会悠然稳坐，大跷二郎腿。

凡是坐姿稳如泰山的人，在精神上大都处优势地位，或者是有意处于优势地位者，而居于劣势地位的人，大都采取立即站立的坐姿。

这种随时都在保持浅坐姿态的人，是在潜意识中欲表现对他人的恭敬和洗耳恭听的缘故。

此外，由一个人的坐姿所表现的心理，也有许多种。例如，一坐下来立刻跷起二郎腿的人，大都深具戒心及不服输的对抗心理。东方女性一般都没有跷腿的习惯；因此，敢大胆跷起二郎腿的人，表示对自己容貌颇具信心，也希望由此引起男人的注意。因此，这种女子自尊心极强，刻意卖弄风姿，虽然可比较随便与异性交往，但要赢得芳心或以心相许并非易事。

欲坐在客厅内角的人，权力欲较强，大致而言，背向房间内角而坐的人，要较背向入口处坐的人，具有心理方面的优越感。

一个犯罪组织的首领，每当进入老主顾的饭店的时候，必定坐在最靠内的座位，背向墙壁，以便监视入口处，由此一来，一旦有杀手冲入，即可立即应付，而且由于后面的是墙壁，避免从背后被杀之危险，实为最安全的位置。日本古代的诸侯，也都是背向墙壁而坐，里面的陷洞中，则躲着持有武器的卫士，一旦到了危急之际，可立即跳出来采取行动。同样的，在西方社会以高楼大厦作为办公室的大企业、大公司里的董事长办公室，也大都位于最上层的一个角落，而且，可以目视入口，背向大窗户。这种状况同样是为了解除背后的不安全感而设立的。

在现代企业中，有这样的一种面试方法，称为“紧张面试”。即主试人坐在房间内角的桌子后面，应试者则背向门口而坐，双方采取对坐方式。应试者由于背向门口，因此，心中容易忐忑不安。此种方法试图从应试者在不安定的心理状态中，了解其内心深处的反应。

由这些事例可以得出这样的一个结论：在聚会场所里，尽量往里面坐的人，其权力欲也必定较强，同时，这种人对于可能加诸于本身的威胁，也特别敏感，因而会变得较为神经质，凡事小心谨慎，有心理疾病的倾向。

第六章

社交察人：通过社会表现探知心态

社交场合识人讲究的是“准”和“快”，容不得你细细品味，慢慢思考。正所谓快人一步，胜人一筹。要迅速破译他人的心理密码，贵在见微知著。

社交表现好的人，在社会上的形象就好，社会评价也高，因而找人办事也容易得到理解、同情、支持、信任和帮助。因此，一个人的社交表现怎样，直接反映出这个人在社会上的形象。

读懂社交场中的“微笑”

在笑的范畴之内，人们最为推崇的就是“微笑”。

波拿多·奥巴斯朵丽在《如何消除内心的恐惧》中说：“你向对方微笑，对方也报以微笑，他用微笑告诉你：你让他体验到了幸福感。”

由于你向别人微笑，使对方感到自己是一个受大家欢迎的人，因此，他也会向你报以微笑。换句话说，你的微笑使你感到了自己的价值地位。

由此有人把微笑这一“体语”比喻为交际中的“通用货币”，每个人都能付出，同时每个人也能够接受。

那么，怎样才能更好地辨别微笑这一“交际货币”的真伪呢？

专门从事微笑研究的科学家一语道破了其中的奥秘：虚伪的微笑存在两大无可掩饰的“秘密”。

首先，真实的微笑应包括两组肌肉的运动，一组是将嘴角往上牵动的颧骨肌；另一组是环绕眼睛的括约肌。因大部分人不能自觉地牵动这些眼部的肌肉，由此可以判断出，假笑者只能牵动嘴角，眼睛却是无动于衷的。

其次，假笑的人笑脸会出现不对称的现象。一般而言，假如他是一个左撇子，则他的右半脸非常强烈，而假如说不是左撇子，那么他的左半脸会做戏。

实际上，在婴儿时期，真笑和假笑就表演得清清楚楚了，一个5个月的婴儿就能用两组肌肉群对他的母亲发出会心的微笑，但对一个完全陌生的人却只运用颧骨肌微笑了。

复杂而多样化的微笑，就蕴藏着许多性格特征，其中意味深长的众多的信息，值得我们去加以探索。

感到悲哀的清冷笑容可以从外向型人的脸孔看到。比如，外向型中最认真的“执着性格”之人，当努力变成泡影，遭遇挫折的时候，他们就会垂下双肩幽幽地笑起来，这时的他们已经进入“忧郁状态”。在这种场合中，他们将与内向型的人一样，陷入自闭的境地，即使连笑容也显得非常的卑微。

总的来说，一个人喜怒哀乐的感情动向，会很自然地展现于脸上。

大体上来讲，性格外向的人以爽快而明朗的心态居多，因此，时常面带笑容，即使别人感到悲伤时，他也会满面笑容地来安慰对方。

虽说内向型的人很少有笑容，但是，他们还是有自然发笑的时候。但那是很脆弱而缺乏自信的笑，是类似于自嘲，又有点像自虐的笑容；同时也是一种缺乏生气，仿佛看透了某种东西似的，对人生感到很疲惫的笑。

性格外向的人很容易跟他人打成一片，所以，他们能够配合绝佳的时机附和着对方的喜怒哀乐。正因为他们不隐藏真实的感情，率直地表现出自己的内心活动，表情自然就会很丰富。只要看他的脸孔，就不难知道他的心态，因此，很容易为他人所理解，同时，他也是一种很好相处的人。

除了微笑之外，还有以下几种笑的方式：

普通的笑。这一类笑很平常，不特殊，不会太大声，显示这个人喜欢群众。这表示说：“你很努力但不争功，你有一定的耐性，心地好而又可靠，是一位非常值得交的朋友。”

轻蔑的笑。笑的时候鼻子向天，神情轻蔑，常常是别人在笑，他不笑，或只略笑几声。这表示说：“你看不起任何一个人，其实这是自卑感在作怪，要把他人压低而抬高自己，你不会有很多朋友。”

偷笑。这是很低的笑声，时间也不长，有时别人未必能够听得到。这表示说：“你经常看到一件事情有趣的一面，而他人未必能够看得到，他人喜欢你，因为你很容易相处。”

鼻笑。就是从鼻子里哼出来的笑，因为要忍住笑，便忍进了鼻子。这表示说：“你倾向忍笑显示你为人害羞，不想让别人注意到，同时你也是很谦虚、体贴的，喜欢按本分去办事，你很重视别人对自己的感觉，而别人也会喜欢上你的细心。”

紧张的笑。笑时慌张，忽然停止，看看别人继续笑自己也就跟着笑。这也是缺乏自信心，自卑的表现，笑也怕笑得不是地方，怕人嘲笑自己的笑。应改变一下自己，用不着太担心别人对自己的看法，人是有权利笑的，即使别人不觉得好笑，你也有权觉得好笑！

此外，还有一种人一笑就掩口，这也是因自卑感。

总之，无论是哪一种笑，它的背后都有极高的含金量，由笑的不同方式而识别一个人的内心动态，是最省事、最直接的方法。

笑的方式有好多种，性格外向人的爽朗笑容是属于单纯而明快的类型，至于内向型的笑容则相当复杂，而且以不明确者居多。

尤为明显的要数假笑，他的脸看似在笑，但是他的眼睛却没有笑，心中也丝毫没有笑的迹象，好似戴着假面具的笑。这类的笑还有，对自我、对他人嘲笑式的笑容，令人莫名其妙的笑，空笑，以及充满谵妄意味的笑。总而言之，这是一种缺乏内容的笑容，有时笑声高而尖锐；有时则是哧哧地笑；音量低得叫人几乎听不到声音，一言以蔽之，那是孤独而冷漠的笑容。每当大家很快乐地笑成一片的时候，内向型的人几乎都会发出这样的空笑，那并不是附和周围人的笑声，而是对人际关系感到不安时，为了掩饰自己心中的紧张，不得已才勉强挤出来的笑容。

与外向型的比起来，内向型人的笑容比较少。即使他们有任何的喜事，他们也认为没必要让没关系的人知道，甚至可以说，他们具有一种隐藏自我的防卫意识。

从握手中感觉对方的态度

握手，是现代社会中人与人交往时一种较为普遍的礼节，除了传统的表示友好、亲近外，还表示见面时的寒暄，告辞时的道别，以及对他人的感谢或祝贺、慰问等等。握手不仅是中国人最为常用的一种见面礼和告别礼，而且在涉外交往中也普遍适用。握手的感觉比一般礼节性要求的内容更丰富、细腻。从握手的方式可以看出一个人的性格。

握手时的力度大，甚至让对方产生疼痛的感觉，这种人大多是逞强而又自负的。但这种握手的方式在一定程度上又说明了握手者的内心是比较真诚和煽情的。同时，他们的性格也是坦率而又坚强的。

握手时显得不是很积极主动，手臂呈弯曲的状态，并往自身贴近，这种人大多是小心谨慎，封闭、保守的。

握手时仅仅是轻轻地一接触，握得不紧也没有什么力量，这种人大多比较内向，他们时常悲观，情绪低落。

握手时显得有点迟疑，大多是在对方伸出手以后，自己犹豫几秒钟，才慢慢地把手递过去。排除掉一些特殊的情况以外，在握手时有这种表现的人，多内向，并且缺少判断力，做事不够果断。

不把握手当成表示友好的一种方式，而把它看成是例行的公事，这表明此种人做事草率，缺乏足够的诚意，并不值得深交。

一个人握着对方的手，握了老长时间还没有收回，这是一种测验支配力的方法。假如其中一个人先把手抽出、收回，说明他没有另外一个人有耐力。谁能坚持到最后，谁胜算的把握就大一些。

虽然在与人接触的时候，把对方的手握得很紧，但只握一下就马上松开了。这样的人在与人交往中大多是能够很好地处理各种关系，与每个人都好像很友善，可以做到游刃有余。但这可能只是一种外表的假象，其实，在内心里他们是十分多疑的，他们不会轻易地相信任何一个人，即使别人是非常真诚和友好的，他们也会加倍地提防、小心。

在握手的时候，显得有点紧张，掌心有些潮湿的人，在外表上看来，他们的表现冷淡、漠然，非常平静，一副泰然自若的样子，但是他们的内心却是非常的不平静。只是他们懂得用各种方法，比如说语言、姿势等来掩饰自己内心的不安，避免暴露一些缺点和弱点。他们看起来是一副非常坚强的样子，因此，在他人眼里，他们就是一个强人。在比较危难时，人们可能会把他们当成是一颗救星，但实际上，他们也十分慌乱，甚至比他人还要严重。

握手的时候，显得没有一点劲，似乎仅是为了应付一件不得不做的事情，而被迫去做的。他们在很多时候并不是很坚强，甚至是非常软弱的。他们做事缺乏果断、利落的干劲和魄力，而显得犹豫不决。他们希望自己能够引起他人的注意，可事实上，其他人常常在很短的时间内就会将他们忘掉。

用双手与别人握手的人，大部分是非常热情的，甚至有时热情过了火，让人觉得难以接受。他们大多不习惯于受到某种限制与约束，而喜欢自由自在，按照自身的意愿去生活。他们具有反传统的叛逆性格，不太注重社交、礼仪等各方面的规矩。他们在很多时候是不太拘于小节的，只要能说得过去就可以了。

把别人的手推回去的人，其中，有大部分都有较强的自我防御心理。他们经常感到缺乏安全感，因此时刻都在做着准备，在别人还没有出击但有这方面倾向之前，自己先给予有力的回击，占据主动地位。他们不会轻易地让谁真正地了解自己，假如是这样，会使他们的不安全感更加强烈。他们之所以这样，在很大程度上是由于自卑心理在作怪，他们不会去接近别人，也不会允许别人轻易接近自己。

习惯用抽水机般握手方式的人，他们当中大多有相当充沛的精力，能同时应付几件不同的事情。他们做事十分有魄力，能说到做到，且办事干脆而又利落。此外，这一类型的人为人也比较随和、亲切。

像虎头钳一样紧握着别人手的人，在绝大多数时候都显得非常的冷淡、漠然，有时甚至是残酷的。他们希望自己能够征服他人、领导他人，但他们会巧妙地隐藏自己的这种想法，而是运用一些策略与技巧，在自然而然中达到自己的目的。从这一方面而言，他们是工于心计的。

从名片看对方的性格类型

名片虽小，但其花样极其繁多，因此，从名片的种种细节方面，也能了解一个人的内心世界。

喜欢在名片上加亮膜的人，使名片具有光滑效果的人，他们在外表上看起来多显得热情、真诚和豪爽，与人相交十分亲切和善。但这可能只是他们交往中惯使的一种敷衍手段，实际上，他们多是虚荣心比较强的。

喜欢用轻柔质感的材料制作名片的人，具有很强的审美观念。不太轻易与人发生争执。在条件允许的情况下，会尽力去原谅对方。他们比较富有同情心，会经常去帮助和照顾他人。但这一类型的人不算太坚强，意志薄弱，常会给自己带来一些失败、麻烦和不顺心的事。

喜欢在名片上用粗大字体印自己名字的人欲望强，他们总是不时地强调自己，突显自己，以吸引他人注意的目光。这种人的功利心一般都是很强烈的，但在为人处世等方面却表现得相当平和和亲切，具有绅士风度。他们最擅长使用某些手段来达到自己的目的，他们的外表和内心经常会相当不一致，在表面上他们是相当随和的，但实际上，不容易让他人真正地靠近。他们善于隐藏自己，为人处事懂得看人眼色，更能把握分寸，使一切都恰到好处。

在名片上印有绰号和别名的人，其叛逆心理大多比较强，做事常无法与其他人合拍。他们为人处世一般时候是比较小心和谨慎的，但有些神经质，常常会有一些无端的猜疑，猜疑别人的同时也怀疑自己，这使得他们很容易产生自卑感，在遇到挫折和困难的时候，缺乏足够的信心，总是想妥协退让。从某一方面来讲，他们没有太多的责任心，并且还总会想方设法来逃避自己该负的责任。

在名片上附加自己家里的住址和电话的人大多是具有较强的责任感的，否则他不会把自己家里的地址和电话印在名片上，这样，如果他不在办公室，对方一定会找到家里来，把事情解决。而与此相反的，恰恰有许多人为了逃避工作上的麻烦，而拒绝告诉他人自家的地址和电话。

同时持有两种完全不同的名片的人，精力往往是相当充沛的，同时也还具备一定的能力和实力，可以同时应付几件事情。他们的思维和眼光较一般人要开阔一些，能够看得更远一些，他们常会有些深谋远虑的策略和想法。他们的兴趣相对要较宽较广一些，所以他们懂很多别人不懂的东西。他们的创造力是很突出的，常会有一些惊人之举。

经常若无其事地掏出一大堆别人的名片的人，他们掏名片的目的不用任何说明就十分清楚了，这是他们显摆和夸耀自己的一种方式，希望他人能够对自己另眼相看。这一类型的人自我意识多比较强，往往以自我为中心，自以为是。他们的组织能力、社交能力比较强，具有不错的口才和充沛的精力，成功的概率还是比较大的。

不分时间、地点和场合，见到人就递自己的名片的人大多有十分强烈的表现欲望，他们喜欢把自己摆在一个相当显眼的位置上，让所有人都能看到。见人就发名片，正是他们这一性格的淋漓尽致的表露，他们把自己的名片很大程度上是当成了宣传单在使用。这一类型的人多有勃勃的野心，但他们很少轻易表露自己的这种心思，所以在一言一行上都显得小心翼翼，但若是你细心观察，还是能够把什么都看得一清二楚的。

从点菜方式分析对方从众心理

心理学上称附和大众的行为为“附和行为”，而且每人都有附和大众的倾向，只是程度高低不同，在心理学上这种心理被定义为“从众心理”。

“从众”是一种比较普遍的行为现象和社会心理。一般的解释就是“随大溜”、“人云亦云”；既然大家都这么想，我也就这么认为了；既然大家都这么做了，我也就跟着这样做好了。曾有一位心理学家做过一个实验：找出五名测验者，让他们一起看两张图，首先看第一幅图接着再看第二幅，然后回答哪张图中的条线比较多。其实，测验者中只有一名真正的测试者，其他的都是事先安排好的陪测者，陪测者在回答问题的时候故意把答案说错，结果发现当陪测者回答完以后，受测者也同样回答错误，而当受测者单独一人回答的时候却可答对。通过此实验可测出受测者附和大众的心理程度。

通过单位聚会或者朋友相约去饭店吃饭的点餐行为，可以较清楚地了解一个人的从众心理究竟怎样。此种现象在三人到四人的团体中最为明显。下面仔细观察几个动作：

立刻点菜。一般来讲，无论是与单位的同事，还是和朋友一起，立刻点菜的多是单位领导或朋友中比较有权威的人物。他们的权威性在此时是一个最佳的表现机会，假如他们不点菜，可能没有人会主动先点菜。而且，他们的带头作用不仅体现在点菜上，在工作与生活上遇到问题的时候，他们的领导能力也会彰显出来。

点异于同伴的食物。往往这种人表现出的“从众心理”就较少了，他们的附和性相比较而言也较低。这类人有自信、有主见，做事特立独行，不易受他人影响。就算自己点的菜并不是自己所喜欢的，但为了区别于他们，他们仍会故意为之。

最后点菜。一般最后点菜的人，多为担心被同伴抛弃，缺乏自信的人。他们不敢先于别人点，而又不敢不点，于是到了最后，他们只能是附和着大众，不得不点菜。这样他才能保持在大众团体中的一席之地。

心理学家告诫说，最好不要相信附和性高的人，假如落单的时候很有可能被这种人所抛弃。附和性低的人属于唯我独尊型，可安心与之交往。当然，在生活中，我们要扬“从众”的积极面，避“从众”的消极面，努力培养和提高自己独立思考和明辨是非的能力。遇事和看待问题，既要慎重考虑多数人的意见和做法，也要有自己的思考和分析，从而使判断能够正确，并以此来决定自己的行动。凡事都“从众”或都“反从众”都是要不得的。

从握杯姿势探知谈判对手的心态

有关专家测验发现，从一个人握杯子的习惯可以看出各种不同的行为方式，并从中强烈地反映出一个人的性格。

手持玻璃杯上方的人。这种人是不拘小节、乐天而大方的人。嗓门很大，喜欢边喝酒边聊天，目前正处于舒畅的状态中。

手持玻璃杯中央的人。这种人能很快地适应不同的环境，属于安全型人物，待人亲切。不会拒绝他人的请求，是个好好先生。有时心里虽不乐意，表面上仍会和颜悦色。

手持玻璃杯下方的人。这种人性格较内向，心思细密，很在意小节。由于颇介意他人的想法，因而显得有点内向。特别是，小指伸向外侧的人相当神经质。一般说来情绪善变，一旦不高兴，马上就会表现在脸上和动作上。此种人对自己过分自信。

两手持杯的人。这种人性格内向，害羞，很少与人交往，孤僻，不善言辞，多为寂寞孤独的人。虽然也想与人快乐地交谈、打闹成一片，但总是难以办到。然而此种人“亲和的欲求”是很强的，有着强烈的与人接触的愿望，对异性的关心度也很强。

喝酒时会摇杯子的人。这种人性格外向，活泼大方，乐于接受各种新鲜事物，喜欢动，不喜欢安静。有多方面的兴趣，容易见异思迁，不喜欢在一家店、一张椅子上从头喝到结束。

一面拿杯子一面抽烟的人。这种人很有个性，自尊心强，极富于创新精神，对自己充满信心，在富有个性化的工作上，可施展自己的实力。可是，在人际关系上却是很不顺利的，可说是独来独往型的人。

紧握住杯耳的人。这种人自我主张稍强，个性过于张扬，凡事爱赶在别人前面，喜欢引人注目，是个我行我素的人。

小指扬起的人。这种人性格内向，感情脆弱，有点神经质，是个拘泥小节，对周围人吝啬的人。

握杯时感觉像在抓某东西的人。这种人性格内向，思维敏捷，为人坦诚，爱助人为乐，非常活泼大方，能说会道，是个八面玲珑的人。但有时不免流于“轻浮”。

用小指、拇指或者是用两者来支撑杯子的人。这种人是具有艺术家气质的幻想家。然而常因不理会周围的意见而频频吃亏。

从酒后的行为辨别对方性格

交际场合，喝酒是不可避免的，有些人一喝酒即判若两人，有些人则依然故我。常见的是话多、吵闹。仔细观察醉酒百态是非常有趣的事情。一个人若能事先掌握住自己的酒癖，就可以更加理解自己是个什么样的人。为让他人理解自己，也有必要事先掌握自己的酒癖。

喝了酒老是喜欢喋喋不休、“吃吃”地傻笑的人。这种人性格内向，平时沉默寡言、彬彬有礼，一旦喝了酒就喋喋不休，不时露出真感情的话。这种人平时的人际关系一定是处于紧张的状态中。这样类型的人，一般大多数都具有韧性，一丝不苟，重视秩序，对于长辈必是采取毕恭毕敬的态度。对于其他人也是很认真的，绝不会开玩笑，总之，是个“正经八百”的人。但是，这种类型人的精神压力比较多，因此，会借酒来发泄其精神压力。

反过来说，此类型的人不是借酒来发泄的话，压力就会积蓄在身体内。因此，当知道喝了酒就有喋喋不休的毛病的时候，就尽量地不要一个劲地工作，需培养些轻松的兴趣，多接触周围同事，平时要让自己过得乐观点。

沉默不言的人。这种人性格外向，平日很活泼，很具行动力，是受大家信赖的人物。一旦喝了酒，反会很安静、很沉默的话，表示其强烈地想扫除自己的判断，才会有这样的行动。在其心底深处，有着“现在我觉得一切还算顺利，但如果我就任此下去的话，难道就不会出问题？以后的情况我也许无法把握得住”的不安，而其心中的迷惘就会借酒发泄出来。

到处活动，猛敲猛打，动作很大的人。这种人，性格刚烈，反抗心极强，有强烈的欲求不满或强烈的自卑感。这样的人不喜欢配合他人采取行动，假如强要他们配合他人来行动，就会出现一定的挫折感，而他们就会借酒来发泄此挫折感，比如，摔杯子、摔椅子等等。他们常常会做出让周围人吃惊的事情，这点我们需加强注意。

喝了酒爱触摸异性身体的人。这种人比较有城府、有心计，爱想入非非，见异思迁，爱发牢骚，此种人因不满于无法以“心”和异性接触，遂用“物理性的接触”来填补其空虚。当自己的欲望无法适当地发泄，或在金钱方面、工作方面不顺自己的意时，即心中有不平、不满时，多会做出此种举动。

醉了就会哭的人。这种人性格内向，感情炽烈，待人接物放不开，常常压抑自己。既是个热情家也是个浪漫主义者。具有强烈的自我，过分压抑自己强烈的感情。

喝了酒爱唱歌的人。这种人性格开朗活泼，自信，很有活力，极富冒险精神，随和。既有社交性又喜欢照顾人，是把工作和私生活分得很清楚的人。此种人很有发展前途，很值得信赖且不惧失败。是会把自己的技术和个性发挥在工作上的人。但如果是属于在卡拉 OK 厅里拿到麦克风就不交给他人的类型的话，就另当别论了，这种人多是有着精神压力的“任性中年人”。

喝了酒喜欢跟人吵架的人。这种人性格外向，刚直，疾恶如仇，有情有义，爱打抱不平，乐于交各种朋友，喜欢帮助弱者。可以说是个具有强韧行动力的热血汉子型人物。

喝了酒呼呼大睡的人。这种人性格内向、意志薄弱，心思比较缜密，优柔寡断，待人接物很放不开，没有主心骨，依赖性强，没有创新的激情，这可能是因为白天把太多精力花在注意周围事物变化方面的缘故吧。

喝酒时老劝他人的人。这种人性格外向，善于交际，虚荣心强，希望对方和自己是相等的，属于保守且防卫本能强的类型。若是热心地劝异性（尤其是女性）喝酒，则是对异性有强烈的憧憬和具有支配欲的人。这种人不会把自己的想法强迫给他人，而会尊重对方的立场，是思想很具弹性、很能体贴人的人。

喝酒时不断喊“干杯”的人。这种人性情冷漠，颇有心计，十分注意自身的仪表。听他的口令好像很懂事，其实却很固执，看起来很和蔼可亲，其实性格很冷淡的人物多有此种酒癖。

喝得再多也跟平时一样的人。这种人性格内向，很有城府，谨慎认真，不太爱暴露出自己的缺点，因而有比他人极强的警戒心。总之，可以确定的是，此种人皆具有“小心翼翼”的性格。

喝到可能醉酒时就不喝了的人。这种人性格随和，心地善良，待人真诚，为人处事极有分寸，很会处理各种人际关系。他们喝酒绝不是为了一解口瘾，而是借着喝酒营造很愉快的气氛，这种类型的人富于协调心，在团体中最擅长赢得众人的协助。

有特殊酒癖的人。这种人性格具有双重性，有时过于内向，有时又过于外向，有着很独特的性格。

第七章

品行察人：通过品德行为判断本质

品德，是人类充实内心世界的精神结晶。人的品德，既不是天生的，也不是不可改变的。它是道德、诚信的总和，是修身养性的结果。人们对品德优秀的人总有这样一个好印象：他们在任何场合中，都会显示出与众不同的人格魅力，具有强烈的责任意识和行为约束力，因此，品德是识别一个人本质的重要特征。

胸怀可以体现出一个人的前途

在一定程度上，一个人能力的大小以及性格的变化取决于他的胸怀与禀性。心胸狭窄、禀性不良的人不能指望他为善，禀性懒的人不能指望他做事勤快。注重道德和品行修养的人不会干凶恶阴险的事，追求公平正直、心无偏私的人，不会伤害朋友。

在职场上，假如能把握好下列12种不同性格的人，学会识别并善用他们，你一定会取得事业上的辉煌成功。

（1）宏阔之人

这种人交友广泛，待人热情，出手阔绰大方，处世圆滑周到，能得到各方面朋友的好感和信任。他们善于揣摩人的心思，投其所好，长于与各方面的人打交道，混迹于各种场合而左右逢源。适合于做业务工作和公关，能打通各方面的关节。

但因所交之人鱼龙混杂，又有点讲义气，这类人往往原则性不强，容易受朋友牵连而身不由己地做错事，很难站在公正的立场上论事情的是非曲直，不适宜矫正社会风气。

（2）雄悍之人

这种人有勇气，但暴躁，认定“两个拳头就是天下”，恃强鲁莽，为人讲义气，敢为朋友两肋插刀，属性情中人。

他们的优点是为人单纯，没有多少回肠弯曲的心机，敢说敢做有临危不惧的勇气，对自己衷心折服的人言听计从，忠心耿耿，赤胆忠诚，绝不出卖朋友。

缺点是对人不对事，服人不服法，任凭性情做事，只要是自己的朋友，于已有恩，不管他犯了什么错误，都盲目地给予帮助。因其鲁莽往往会犯下无心之过、违法之事。

（3）强毅之人

这种人性情硬朗，意志坚定，刚强果断，勇猛顽强，敢于冒险，善于在抗争性的工作中顽强拼搏，阻力越大，个人力量和智慧越能得到淋漓尽致的发挥，属于枭雄豪杰一类的人才。

缺点是易冒进，骄傲于个人的能力。权欲重，有野心，喜欢争功而不能忍。他们有独当一面的才能，也能灵活机动地完成使命，是难得的将才。但一定要注意把握好他们的思想和情绪变化，这可能是他们有所变化的信号，既十分信任，又不得不防。

（4）柔顺之人

这种人性情温和，慈祥善良，亲切和蔼，不摆架子，处世平和稳重，能够照顾到各个方面，待人仁厚忠实，有宽容之德。如柔顺太过，则会逆来顺受，随波逐流，缺乏主见，犹豫观望，不能决断，也不能做大事，常因优柔寡断而痛失良机。

这类人因与人为善又可能丧失原则，包容袒护不该纵容的人。在许多情况下，连正确的意见也不能坚持，对上司有随意顺从的倾向。如果刚决果断一些，能正确的极力坚持或争取，大事上把握住方向和原则，以仁为主又不失策略机变，则能团结天下人才共成大事。这就是曾国藩所说的“谦卑含容是贵相”。否则，只是幕僚参谋的人选。

（5）固执之人

这种人立场坚定，直言敢说，也有智谋，可以信赖，行得端，走得正，为人非常正统，不论在思想、道德、饮食、衣着上都落后于社会潮流。有保守的倾向，也比较谨慎，该冒险时不敢，过于固执，死抱住自己认为正确的东西，不肯向对方低头，不擅长权变之术。

这种人是绝对的内当家，是敢于死谏的忠直大臣。

（6）朴实之人

这种人胸怀坦荡，性情忠厚淳朴，没有心机，不善机巧，有质朴无私的优点。但为人过于坦白真诚，心中藏不住事，大口没遮拦，有什么说什么，太显山露水，城府不够，甚至可能被大家当傻瓜看，作为取笑对象。与这种人合作，尽可以放心。

但因缺乏心眼，办事草率，有时又一味蛮干，不听劝阻，该说的说，不该说的也说。虽说坦诚是为人处世的法则，但一如竹筒倒豆子，少了迂回起伏，也未必是好事。如果能多一份沉稳，多一点耐心，正确运用其诚恳与进退谋略，成就也不小。笨人的聪明之处，正在于知道如何运用他的“傻”。

（7）好动之人

这种人性格开朗外向，作风光明磊落，志向远大，卓尔不群，富有开创精神，凡事都想争前头，不甘落在人后，往往从中产生出莫大的勇气和灵感，不轻言失败，成功欲望强烈，永远希望自己走在成功者的前列。

缺点是好大喜功，急于求成，轻率冒进，如果在勇敢磊落的基础上能深思熟虑、冷静应对，则能取得重大成就。又因为妒忌心强，如果不注重自身修养，会因嫉妒而犯错误。如果将嫉妒心深藏不露，而得不到宣泄，可能致人格偏失到畸形。

（8）沉静之人

这种人性格文静，办事不声不响，作风细致入微，认真执着，有锲而不舍的钻研精神，因此往往成为某一个领域的专家和能手。

缺点是过于沉静而显得行动不够敏捷，凡事三思而后行，抓不住生活中擦肩而过的机会。兴趣不够广泛，除兴趣所在之外，不太关心周边的事物。尽管平常不太爱讲话，但看问题又远又深，只因不愿讲出来，有可能被别人忽略。其实仔细听听他们的意见是很有启发的。

（9）辩博之人

这种人勤于独立思考，所知甚博，脑子转得快，主意多，是出谋划策的好手。

但因博而不精，专一性不够，很难在某一方面做出惊人的成就。不愿循着前人的路子，因此多有标新立异的见解。口辩才能往往也很好，加上懂得多，交谈演讲时往往旁征博引，让人大开眼界。如能再深钻一些，有望成为百科全书式的人物。为人一般比较豁达，因此也能得到上下之士尊敬。

（10）清正之人

这种人清廉端正，洁身自爱，从本性上讲不愿贪小民之财，富有同情心和正义感，因此，看不惯各种腐败而不愿为官，即使为官也是两袖清风，不阿谀奉承。偏激的人甚至宁辞官不做，去过心清神静的神仙日子。

由于他们原则性极强，一善一恶界线分明，有可能导致拘谨保守，又因耿直而遭奸人忌恨陷害，难以在政治上取得卓越成就。有狂傲不羁个性的，反而在文学艺术上会有惊人的成就，在那个天地中可以尽情自由地实现他的理想和抱负。

（11）拘谨之人

这种人办事精细，小心谨慎很谦虚，但疑心重顾虑多，往往多谋少成，不敢承担责任，心胸不够宽广。他们驾轻就熟，在力所能及的范围内能很圆满地完成任务。可一旦局面混乱复杂，就可能头昏脑涨而做不出果断、正确的抉择，难以在竞争严酷的环境中生存。他们生活比较有规律，习惯于井井有条而不愿随便打乱安静平稳的生活。

（12）韬智之人

这种人机智多谋而又深藏不露，心中城府深如丘壑，善于权变，反应也快。如果立场不坚定，易成为大奸之人，往往见风使舵，察言观色确定自己的行动路线，智谋多变。如果忠正有余，则会成为张良一类的奇才。

办事能采取比较得体的方法，表面上谦虚，实际不会吃哑巴亏，暗藏着报复心。用人讲求乱世用奇，治世用正。这种人不论在乱世还是治世，都能谋得自己的一席之地，是懂得变通善于保全自己的一类人。因诡智多变，可能节气不够，不宜选派这种人掌管财务、后勤供应等事。

察人法的目的不仅知人，更重要的是在了解其人之后，采取相应的措施去用人。以上 12 种性格之人，由于特性不同，因而在识别之后，使用也应该不一样。

二战时英国著名的蒙哥马利元帅曾经有过这样一段话："我们把军官分成四类，聪明的、愚蠢的、勤快的、懒惰的。每个军官至少具备上述两种品质。那么，聪明而又勤快的人适宜担任高级参谋；愚蠢而又懒惰的人可以被支配着使用；聪明而又懒惰的人适合担任最高指挥；至于愚蠢而又勤快的人，那就危险了，应立即予以开除。"

根据性格特点去识别他人

通过观察去了解他人是一个良好的途径。观察法是指在特定的环境中，对某个人的各种表现、待人接物等等方面进行考察，得出综合印象，再经过自己的分析加工，最后把握其特点观其本质，而察其为人。这种方法是最易于实行的一种方法、因为它既不需要观察者去亲自接触其观察的对象，也不需要有意安排或预先准备，只需经常与其一起参加活动，能够在各种场合中看到其表现就行了。

很多人认为人际交往能力与性格有关，外向者善于交际，内向者不善交际。这样的说法虽然有欠周密，比如性格内向者也有许多好朋友，性格外向者没有知心朋友这样的例子在现实生活中也不在少数。但是性格的确是影响人际交往最关键的因素。通常情况下，性格外向的人比性格内向的人善于交际，善解人意的人比霸道无理的人更容易交到朋友。

（1）性格热忱的人：最佳伙伴

性格热忱的人不论从事哪种职业，只要充分发挥其性格，便能得到肯定与赞赏。这种性格的人最适合具有挑战性的职业，工作积极又有效率，是典型先锋性格。富创意、喜爱看到事情的光明面是他们的优点，并且是活在掌声下的人，喜欢受他人肯定。这种人还体贴他人的难处、让他人在工作上更有冲劲，所以有着很好的人缘。不论是上司、同事还是朋友，一旦了解他们，都会被他们的热情所打动，愿意成为他们的朋友。但是性格热忱的人由于自主性过高、喜爱表现自己，故容易和别人在合作上产生冲突。这种类型的人，不论是在工作、学习和娱乐中，参与感、掌声与赞美都是他们不可或缺的原动力。

（2）性格细腻的人才：潜在竞争对手

性格细腻的人很重视团体合作，不喜欢抢风头，这是他们的优点。因此他们通常都有着很好的同事关系。在同事的眼中，他们是温和善良的，不会耍计谋陷害人的，因此同事都愿意与他们相处，并且很容易把他们当作自己的知心朋友。但他们有时那慢工出细活的行事作风，不免让性急的同事看不过去，但不会引起同事的厌恶。个性温和的他们常扮演着沉默的角色，没有太多意见及野心，任劳任怨的个性常得到上司的赏识，是一个潜在的竞争对手。温和的他们也不是宰相肚里能撑船的人，细腻性格使得他们对伤害过自己的人往往不能原谅。这种性格的人，不但勤俭也很能为老板精打细算，有着精细的省钱之道。

（3）活泼性格的人：博而不精

性格活泼的人重视整体人际关系，很快便能适应新环境并结交新朋友；办事很有效率，再加上聪明及危机处理的应变能力，所以很讨上司喜欢。这种类型的人天生好奇，对所有的人、事、物都抱有很大的兴趣，喜欢学习各种新东西，对于新上手的工作，也能很快掌握，在公司里扮演通天角色。他们活泼的性格也使得他们经常是聚会和晚会上的灵魂人物，总能够吸引大家的注意。因此周围的同事或许会嫉妒，而与他们疏远，但他们活泼、不记仇甚至粘人的性格又会使得别人不好意思与他们生气，自然他们的人缘也不差了。

（4）谨慎性格的人：心思捉摸不定

谨慎性格的人对工作有高度的稳定性，善于察言观色、尽忠职守、生存力强、懂得上司与同事间的应变进退，并且善于营造和谐气氛，与同事合作性强，是容易相处的同事，又是易得到上司赞赏的忠臣下属。

这种性格的人在人际交往中，是很受欢迎的，因为他们既不爱出风头，又不会给人难堪，总是小心翼翼，让周围的人感觉没有杀伤力。并且他们说话总是头头是道，让你不得不佩服他们的说服力。但是谨慎性格的人，由于不喜欢表露自己的真正情感，好像戴着一副假面具，捉摸不定让人心生却步，虽然并不会与人正面冲突，但是周围的人也不愿与他们有过多的交往，所以这种性格的人不容易交到知心朋友。

（4）急躁的性格：重量不重质

这种性格的人天生拥有乐观与幽默感，人际魅力光芒四射，加上要面子，常请大家吃饭，所以在交往中也是很吸引人的。急躁性格的人通常都有着一种很强的气势，这让他们看起来具有领导者的风范特质。他们在工作中也并非一位有野心的人，但是他们与同事合作起来冲劲十足、很有效率，并且在工作中会主动分担别人的烦恼，主动学习别人的长处，所以很讨同事喜欢，有着良好的人际关系。

（6）冷静性格的人：零缺点原则

冷静性格的人，做起事来一板一眼均小心翼翼，工作对他们而言是乐趣及成就感的来源，他们行事井然有序得令人佩服，但有时却又少了点变通的弹性，给人个性内向、拘谨的感觉。通常这种性格的人不懂得表达自己的个性，让人有不易相处的印象，再加上要求又特别多，会令人无所适从。所以在周围的人看来，他们是严格和没有幽默感的，所以大家不愿与他们有过多的接触。其实一旦与他们深交，就会发现他们的内心十分单纯，而且也很善于交谈。这种性格的人交往中的最大障碍是不善于表达自我，不懂得让别人对自我有更多的了解。

（7）好交际性格的人：公关小姐

这种类型的人有极佳的公关手腕，所到之处都能很快地与人打成一片，主动是其人际关系的第一步，在诸多性格中可说是独占鳌头，好交际的性格更能博得上司的好印象与赏识。在社交场所中，这种人左右逢源，如鱼得水，通常都是焦点人物。但是他们喜欢舒适的生活，害怕过度出卖劳动力的工作，故常常做事缺乏计划、想的比做得多，散漫、金钱观淡薄，这些均是造成他们晋升的绊脚石，也是让人不喜欢他们的理由。

（8）沉稳性格的人：情报局干员

稳定、内敛、不多言是沉稳性格给人的第一印象，但他们有着对人、事、物敏锐的观察力，缄默时的他们正处于“打量评估期”，所以这种性格的人总能很清楚地对周围的情况做出准确的判断，在任何事情上，都像旁观者一样冷静和客观。这样的性格使得他们对周围的人总能提供一些客观有效的建议，因此在他们身边，总是有一群追随者。他们对工作有着自发性的热爱，并能承受很大的压力，做事的积极面面俱到、与果断令上司极为赞赏；有着情报局干员的本能与精神，能轻易打探各方线索、内幕消息、公司百态等等。这种性格的人在哪里都是很有能力的人，他们天生就是让别人倾慕的。所以他们的人际关系很广，并且很值得信赖。

（9）浪漫性格的人：没耐心和毅力

浪漫性格的人欠缺耐心，一成不变的工作态度可能会抹杀他们的创意细胞。生性爱热闹、热心、慷慨不计较金钱及随和的个性，使他们的人缘不俗，感觉敏锐且洞察力强，常以开玩笑的方式说出对事情的见解，不容易感到他们有像谨慎性格的人一样的心机，反倒让人觉得平易近人、容易相处。做事勇于突破传统、有魄力，但一遇到挫折会很快打退堂鼓，缺乏愚公移山的恒心与毅力。

（10）固执性格的人：永远不会错

固执性格的人是尽忠职守把分内工作做好的人。他们在专长与技术领域中不断求进步，没有一步登天的投机心理，持有“一分耕耘、一分收获”的态度。具有主见及领导能力，对事物有相当的野心，是标准的工作狂热分子，在诸多性格中，跃居“最负责任感”之冠；而坚忍不屈的毅力是其成功之处。可是他们优柔寡断、固执己见的缺点可在其知错不改、明知故犯中一览无余。这种性格的人很难接受别人的意见，除非别人比他们优秀。这样的性格特征使得他们的人缘很差，因为他们总是让周围的人很难堪，并且错了也永远不会道歉。因此他们的人际关系很糟糕，但他们的朋友都是真正理解和关心他们的挚友。

（11）脆弱性格的人：害怕失败

脆弱性格的人有着过人的智慧，工作中有独到的见解，能完整、高效率地分析与策划，对自己有高度的自信与优越感，却又高傲、冷酷得令人讨厌，但是他们脆弱的性格常常能引发别人的同情心，反而人缘相当不错。冷静、理性、客观、实践力强是他们成功的关键，但却缺乏坚持的耐心和毅力，常一碰到挫折就会轻易放弃；最害怕别人看到自己的失败，在他们心中只有“我”永远是最好的。

（12）机警性格的人：明哲保身

察言观色是这种人的优点，明哲保身是其处世态度，他们永远不会主动参与与自己利益有可能冲突的事情，在他们眼中，只有自己是最可宝贵的。这样的人从来也不会得罪别人，甚至对每一个人，他们都一味地褒扬和鼓励，所以他们的人缘极好，并且别人对他们的评价也很高。但他们在工作上却缺乏积极主动的个性，散漫的天性偶尔需要压力的鞭策，但他们空间式的思考模式，很适合于计划性的工作。他们思考周密，甚至将天马行空的想象力加诸计划中，使计划内容添加不少创意。

俗语说得很有道理，聪明的人十有九懒，此类性格的人思想敏锐，但不肯动手，最好给他配备合适的助手，协助他去实现他的精思妙想。虽说聪明人多懒惰不堪，但也并不是一无所长。

聪明的人其懒态主要表现在他不感兴趣的事情上，而对于有兴趣的事而言，他会尽力做得很好。因此，不宜强迫他干他不愿意做或不感兴趣的事情，而应引导他到其兴趣所在处，则事半功倍矣。

这类人的文人倾向较重，由此，如非所愿，所担当的职务一般不宜过长，数年一迁，使之不觉太枯燥乏味，则能调动、改善其积极性，也能避免贪污受贿。

周全性格的人，智慧极高而心思机警，待人则能应付自如，接物则能游刃有余，是交际应酬的高手和行家。这种人是天生的外交家，做国家的外交官或大家豪门的外掌柜，任大公司或大企业的公关先生或公关小姐，都能愉快胜任，其办事能力也很强，往往能独当一面。

善于发现有潜质的人

日行千里的良马，如果没有善于驾驭的马夫，就会被牵去与驴骡一同拉车；价值千金的玉璧，如果没有善于鉴别的玉工，就会被混同于荒山乱石之中。人才如果不受他人赏识，就会被埋没，这充分说明识别人才至关重要。

具有潜质的人则有如待琢之玉，没有引起世人的重视，没有得到公众的承认，若没有独具慧眼的识玉者是难以被人发现的。

千里马之所以能在穷乡僻壤、山路泥泞之中、盐车重载之下被发现，是因为幸遇善于相马的伯乐。千里马若不遇伯乐，恐怕要终身困守在槽枥之中，永不得向世人展示其“日行千里”的风采。许多具有潜质的人都是被“伯乐”相中，同时，又为其提供了一个发展成长、施展才华的机会，才获得成功的。

当你发现下属中有这类人物时，应立刻善加运用，一刻的犹豫即是损失；因妒忌而把他等同于平庸者看待，公司将由此遭受损失。

在你发现优秀的人才后，注意做到下面几点：

鼓励他在公开场合阐明自己的观点和建议。这样做为的是增加他对你的信任，以及对公司的归属感，表明他的建议受到你的重视。为了表现自己，他必更乐于创新。

视他为管理工作上的一项挑战。有些管理方法，对待水平较低的下属或许绰绰有余，而在优秀人才眼中，你只是代表一个职位、一个虚衔，并不表示你的才干胜过所有的人，要他们全听你的，并不是一件很容易的事。

给他明确的目标和富有挑战性的工作。卓越的人才行事都异于常人，但又有出乎意料的成功；你给他们明确的目标和富有挑战性的工作，他定感到被看重而满怀工作激情。

对他突出的贡献给予特别的奖励。在你还没有给他更高的报酬时，一些特别的奖励是必要的。对于他对公司突出的贡献，如无特别待遇，动力就会减弱，但不表示他不再追求进步。

适时地赞美他的表现，不要担心他会被宠坏。在他杰出表现之后，适时地加以称赞和鼓励。假如你对他冷漠，会使敏感的他以为你嫉妒他。

因为卓越的人均懂得鉴貌辨色，为免功高盖主，招人猜忌，他宁愿把创造性的建议藏起来，待有机会即另谋高就。

推荐一些对他有帮助的书籍，“学如逆水行舟，不进则退”。如果你将卓越人才的工作安排得密密麻麻，这样他就没有时间学习新事物，不断地工作将使他精神疲乏。卓越人才并不是万能的，他也有不懂得的事物，他也需要不断学习、不断进步。

善于掌握一个人的本质特点

《六韬》是中国最古老的兵法，里面详述了种种看穿对方心思的方法，其中对选人比较实用的有如下几种，对各位领导必大有帮助。

问之以言，以观其详。向对方多方质问，从中观察对方知道多少。公司招考新人的时候，必须对应征者来个“人物鉴定”，考官就得向应征者多方查问，这就是“问之以言，以观其详”的方法之一。

鉴定一个人物，不能只流于形式，需要问出足以判定对方真心的问题。

“你的嗜好是？”“家里有哪些人？”这一类的问题，就是形式上的问题，对探查一个人的内心，毫无作用。

“你对这个问题有什么看法？”“……这一类的难关，换了你，如何去打开僵局？”这一类的问题，就直捣核心，足以使对方的才能、思考力，露出蛛丝马迹，成为判断上的珍贵资料。

又如，身为上司，在遇到重大的问题时，不妨向部属或同事问一句：“换了你，如何解决？”

这时候，平时看似应变有方的人，却为之语塞，或是答非所问；而看似不够机灵的人，却能提出迎刃而解的妙方——这种事实，会令你痛感一个人平时的外表和言行不足以判断一个人的是非。

穷之以辞，以观其变。不断追问，而且越问越深、越广，借此观察对方的反应如何。没有自信的人，面对一连串的“逼问”，就会惊慌失措、虚言以对，眼珠骨碌碌转……发问的人，就可从这些表情的变化，判断对方是个怎样的人物。对一件事一知半解的人，在“穷之以辞”的情况下，都会露出马脚。

明白显问，以观其德。把秘密坦率说出，借此观察一个人的品德。

如果听到秘密就立刻转告第三者，这种无法守秘的人，就不能深交，就不能合作，还是避开为妙。

对方是不是口风甚紧或者是否容易失言，只要泄露秘密给他，就知道他是个怎样的人。运用这个方法，往往会发觉平时自诩为“最能守秘”的人，反而是最会泄密的人。从这些反应，我们就能探知对方，是不是值得信赖的。

使之以财，以观其廉。让他处理财务，借此探测清廉与否。

把一个人派出到容易拿到回扣的单位去服务，就容易看出他是不是为人廉洁。服务于容易拿到回扣的单位，一些有私心的人即使开头坚决不拿回扣，时日一久，也会随波逐流，见钱眼开。要想试探一个人的清廉与否，只要派他到那样的单位，就会真相毕露。

告之以难，以观其勇。派给他困难的工作，借此观察他的胆识、勇气。平时口口声声“遇事果断”的人，一旦危机临身，往往不知所措，还会满腹牢骚。

个性越是柔顺的人，遇到困难越是仓皇失色；因此，若要试探一个人的胆识、勇气，就得把困难的工作，接二连三地交给他去处理，从中观察他的反应。

醉之以酒，以观其态。请他喝酒，借此观察他的态度。平时守口如瓶的人，几杯酒下肚就完全变了样，不但满口牢骚，还会猛说别人的坏话，这样的人就可判定他是一个经常怀有不满，甚至嫉妒心强烈，有害人之心的人。

以意志坚强、灵敏果断闻名的亚历山大大帝，喝酒之后也会大醉失态，惹了不少麻烦。他在痛下决心之后，只要沾了酒就独处于营帐中，拒绝见人。一代英雄尚且如此，更何况我们这些凡人？“醉之以酒，以观其态”，是很管用的“人物鉴定法”。

通过识别谎言辨别人性真伪

交际中，我们可以很清楚地看到有很多人都习惯性地说谎，他们可能是为了维护自己的权益，但有时他们则是为了侵犯别人的权益。那么，为了能更好地识别对方的谎言，维护我们的切身利益，我们必须了解一些识破别人谎言的招数，练就一双火眼金睛，所以，现在我们就针对“如何去识破对方并使他说出真话”这一话题来讨论。

（1）怎样使对方解除心中的武装

正在说谎或试图说谎的人，他们心里一定会先把自己武装起来。“怎样使对方除去武装”就是最大的关键所在。假如这时你正面跟他冲突，他一定会强词夺理把你反击回来。

例如，你对说谎者说：“你有什么话就干脆直说好了，不用跟我兜什么圈子撒谎。”这样去攻击他，是不会产生什么好效果的。我们应该在对方有些动摇时，找出他的弱点去攻击他。不过，如果对方硬要坚持他的谎话，那么这一招就不灵了。这时，我们就必须另想办法使对方解除武装。我们暂且不去理会他说话内容的真实与否，只要把重点放在如何才能使他解除心中的武装就可以了。

这个道理就与闭得紧紧的海蚌一样，愈急着把它打开，它就闭得愈紧。假如暂时不去理会它，它就会解除心中的武装，一会儿它就自然地打开了。

那么究竟要如何才能使对方解除心中的武装呢？

一种方法是使对方具有安全感。如果对方是为了保护自己而说谎的时候，我们最好这样说："你把实话说出来。没关系的，事情不像你想象的那样严重的。"这样一来，他们就会认为自身的处境已经很安全，不会顾忌说出实话会有什么不良的后果。因此，在这种情况下，想要叫他说出实话是很容易的。

公安部门在查询凶杀案的见证人的时候，利用这种方法是最合适不过的了。

要使对方产生安全感，首先必须使他对你产生信赖感，他对你产生信赖之后，才会对你吐出真言。

利用循循善诱的方法去套取对方的口供，要比使用强硬逼供的手法更容易达到目的。当然，假如你只是装出笑容来讨好对方，那对方就不会怕你了。我们必须做到让对方认为"我实在不敢对这种人说谎"才行。简单地说，我们要运用技巧，使对方因为你的影响而把实话完全吐露出来。

还有一种技巧与上述所提的完全相反，那就是故意把自己装成很容易上当的样子，使对方对你没有戒心而很自然地把心里的话说出来。换言之，就是让对方产生优越感，使他在得意忘形之际，无意中露出马脚。这种方法用来对付傲慢的人是最好不过的了。

听说美国的律师，在法院开庭审问时，也常会反复地运用这种方法，但是假如太露骨的话，就会留下漏洞，从而无法达到目的。

彻底去追根究底，有时也能使对方解除心中的武装。假如对方仍有辩白的余地，他也一定会坚持到底，因此，只有在他们被逼得无法再为自己辩解时，他们才会自动解除武装，说出实话。

洛克希德贿赂案中很多有力的证人，在最后终于供出了真相，主要的原因是他们被逮捕之后，办案人员利用追根究底的方法迫使他们说出实情来。

我们常常可以在报纸上看到某人由于精神过分紧张而自杀的消息，对于此类事件，我们没有办法给他们下一个圆满的定论，但我们很容易能看出，他们实在是被生活中的某种因素逼迫得无法透气，才这样做的。

攻其不备，不管是多么高明的说谎者，假如说遇到突然而来的攻击，也会惊慌失措，不得不投降。

一位资深律师曾说道：

“在询问一个决定性的问题时，不要马上询问证人，等他回到证人席之后，再突然请他回来，重新询问，这是最有效的方法……”

《孙子兵法》里也说过：“攻其不备，出其不意”，“使其不御，则攻其虚”。

因为我们乘虚而入，对方没有防备，自然就会放下武器投降了。

（2）不要与对方做无意义的争辩

“你明明就是在说谎。”

“不！我说的全部是实话。”

“你为何要说谎？”

“不！我根本就没有说谎。”

这样的争辩没有任何的意义，再怎么争论下去也不会有结果的。

表面上看来，这种问话的方式有点像是追根究底，其实是完全变了质。

使对方反复地做出同样的事情，谎话只能说一次，假如经过两次、三次的重复，多多少少就会露出马脚。我们在日常生活中经常会发现这种现象，比如，早上同事打电话来说："对不起！我家有客人，麻烦你帮我向主管请个假，谢谢你了。"

等过几天后，你突然问他："前几天你为何要请假呢？"这时他或许会说："因孩子得了急病！"这种人一定不是为了正当的理由而请假。或许他在外面兼副业，或许他在外面做了某些不可告人的事情。

有一位十分细心的人，他每次说谎之后，都会把它记在备忘录里，以免重复。这个方法真是无聊透顶，如果他说了一个曲曲折折的谎话，是否也能一一把它记下来？总有一天会露出马脚的。

（3）要有效地利用证据

要使对方说出实话，最高明的手法就是提出有效的证据，尤其是物证，它的效果更大。

拿出有力的证据来做武器，是识破谎言最好的手法。不但可用来对付风流的丈夫，同时也可用来对付政治上的谎言。不管对方如何狡辩，只要我们有确凿的证据，他就不得不俯首承认。

但更重要的是必须懂得如何运用这些证据，如果运用不当，证据也会失去效用的。

关于这一点，我们首先要注意的就是：时机是否运用得当？如果事情过了很久，我们才拿出证据来印证，那么证据的价值可能就大大地降低了。

假如我们在提出证据之后，还让对方有充分的时间去考虑，也是不妥当的。因为这样不是又让他获得了一个答辩的机会吗？

那么，证据要同时提出还是逐项提出来呢？这个问题我们不能一概而论，必须看证据的价值以及当时的状况来决定。

至于我们握有的证据究竟有多少，绝不能让对方知道。尤其是当你只有少许证据的时候，更要绝对保密。总之，证据是一种秘密武器，证据愈少愈要珍惜，否则失败的将是你而不是对方。

不到决定性的时候，不要让对方知道，或者显露自己手中的证据。

你必须一面静听对方的陈述，一面在暗中对照证据；同时，也要考虑对方手中证据的可靠性，使紧握在手上的证据能运用得恰到好处。

以上所说的方法，到底使用哪一种比较好呢？当然，这要看对方的情况而定了。有时不能只用一种方法，必须综合运用多种方法才能收到效果。

我们并不是像警察一样，要使犯人坦白，我们只是想了解在日常生活中，要怎样去透视别人，怎样诱使别人说实话。

如果我们像警察一样，以审问犯人的方式去对待别人，那不是会得罪更多的人吗？关于这一点，我们应特别注意才是。

第八章

嗜好察人：通过兴趣爱好透视内心

嗜好，也就是一个人的兴趣爱好。涉及兴趣爱好的时候，常常是一个人个性最张扬、防御最松懈的时候。一般来说，兴趣爱好总是和人的性格有关系，如果两个人有相同的兴趣爱好，这就说明两个人在性格的某些方面有相似之处。因此，观察一个人最好的方式就是从他的嗜好入手，这样不仅能够近距离看清他人的庐山真面目，而且容易找到针对性解决问题的方法。

房间装饰展现人的心态

卧室可以说是一个非常个性化的空间，它可能是唯一一个完全属于自己的场所。如何把这一有限的地方充分加以利用，达到最好的效果？这往往取决于卧室主人的聪明和智慧。

一间卧室若要把它装饰得恰到好处，每一件小饰物，都应该凝聚着房间主人一定的心思和精力。所以，从卧室的装饰和摆设往往能看出其主人是一个什么样的人。

卧室就是生活的中心，它可以用来吃饭、睡觉，还可以用来娱乐。这一类型的人，多是比较外向的，他们希望自己能够多些对他人的了解，同时也希望他人能够对自己多一些认识。他们乐于与他人一起分享自己的幸福和欢乐。他们渴望能够拥有一块真正属于自己的自由空间，然后随心所欲地做一些事情。这一类型的人，自信心不是特别强，但他们善于调整自己，以使受挫感降到最低的限度，使自己能够很快地重新再站起来。

在生活中，几乎每一个人都有自己崇拜的人物，有些人习惯把自己所崇拜和敬仰的人物的海报贴满卧室。这一类型的人性格多少有些孤僻，若想更好地与人相处，存在着一定的困难。这一类型的人还有一些不注重实际，常会放弃一些唾手可得的东西，而去追求那些遥不可及的事物。他们缺乏自信，常常进行自我贬低，而抬高他人，他们总是觉得自己处处不如人。

卧室只是用来睡觉的，除此以外，其他的所有事情都在卧室之外的空间进行。这一类型的人的卧室经常保持整洁、朴素，每一件东西都有其自己的位置和特定的空间。他们的性格与卧室有着一定的相似之处，他们在为人处世各个方面都有一定的规律性，而且懂得控制自己的情绪，不轻易发怒。他们能够保证自己在绝大多数情况下表现都非常得体、自然。

卧室虽然被装潢得美轮美奂，但却没有多少鲜明的个人特色，这表明这间卧室的主人虽然有一定的欣赏格调，但却拘于形式、规律而无法放开手脚，自由活动。他们对自己缺乏自信，经常否定自己。为了维持住现状，他们总是千方百计地想办法以最好的方式应付出现的各种情况，而绝对不会惹是生非，制造情况。他们在多数时候宁可奉命行事也不愿意当领导。

有些人的卧室非常整洁和干净，但另外还有一些人的卧室却乱得不成样子，简直是一个垃圾仓库。这一类型的人，虽然外表上看起来，可能也是非常利索的，但实质上则十分拖沓。他们为人多是比较热情的，但做事缺乏认真负责的精神，常常是得过且过，敷衍了事。

卧室里有各种玩具以及健身用的器械，这一类型的人多是外向型人。他们比较开朗和活泼，为人热情亲切，而且还具有一定的同情心。他们希望生活中时时充满激情，而讨厌死气沉沉、一成不变的慢节奏生活。

房间里保留许多孩提时代留下来的东西，如各种玩具、有纪念价值的艺术品，甚至得过的奖状等等。这一类型的人有比较重的怀旧情结，常常会陷入过去的某种情境中而无法自拔。他们乐于受到父母亲人的保护及约束、限制，在思想上并不算十分成熟。他们多有较强烈的依赖心理，缺乏冒险意识，最乐于过目前这种衣食无忧、逍遥自在的日子。

由旅游方式折射性格

目前，旅游越来越成为一种时尚和潮流。在工作、学习之余，抽出一些时间，或独自一个人，或是与亲人朋友结伴，或是参加一些旅游团，到一些旅游景点去玩一玩，既放松了自己紧张和疲惫的心情，又可以丰富和提高自己的知识见闻，真可谓是一举多得。除此以外，从旅游偏好中还可以了解一个人的内心世界。

喜欢在海滩上漫步的人。一般个性有些孤僻，保守且传统，渴望自己能够离群索居，过隐居式的生活。他们对各种人际关系和交往并不热衷，因此人际关系并不是很好。他们没有太多的朋友，但一旦有，却是感情非常好的。他们有一定的责任心，尤其是对自己的子女，往往会投入相当大的时间和精力。

喜欢欣赏风景的人。一般讨厌被人管制，他们对乏味的、刻板的、一成不变的生活充满了厌倦，而向往能有一些新鲜、刺激的东西注入生活中来。他们想过丰富多彩的生活，他们具有相当充沛的精力，希望自己能够单独做一些事情。这种人是具有一定的责任心的，会对自己该负责的事或人负起责任。他们具有丰富的创造力和想象力，总是不断地向新的未知领域挑战，对新体验有浓厚的兴趣，制造出一些意外的惊喜，当然有时候也是灾难。

旅行时喜欢参加旅游团随团旅游的人。一般比较理性，具有一定的逻辑思辨能力，会把每一件事情都计划得井井有条，然后再去做。他们希望什么事情都在自己的计划下有条不紊地进行，任何意外之事和情况对他们都毫无意义。他们比较现实，不富于幻想，也从不期待着会有什么意外的惊喜出现。此外他们个性豪爽，为人较坦率，也比较大方，有好的东西，经常会拿出来与其他人一起分享，而且他们是那种特别喜欢交朋友的人，只要别人懂得欣赏他们，他们便会更真心地对你。另外，他们比较赏识有才华的人。

喜欢到各地去探访亲戚朋友的人。一般对人有超乎寻常的忠诚，他们在待人接物方面表现出来的最大特点就是真诚和热情，而不是虚伪和做作。在与亲人朋友相处的过程中，会给他们带来极大的充实感和满足感，他们把这一切看得都很重。他们是尊重事实的楷模，一般都实事求是地面对一切。

喜欢出国旅游的人。追求时尚潮流的领军人物，他们喜欢刺激，对生活中的变化非常积极。此外，他们比较具有幽默感，这样可以让他们以一种相对积极、乐观而又向上的态度来面对生活，不会被生活中的一些挫折和磨难压垮，从而时刻保持着充沛的精力和热情。

喜欢旅行时在外露宿的人。他们是传统思想的拥护者，拥有崇高的道德标准，懂得规范和约束自我的言行，使自己达到一定的境界，让人赞叹。他们个性相对独立，具有一定的想象力和创造力，但他们的生活并不是存在于幻想之上，是很注重客观实际的。

通过运动喜好透视对方

人其实也是一种动物，“动”是其与生俱来的特性。所谓的“动”其中就包括身体运动。其实，运动对于人而言是一种必不可少的生活方式，而每个活着的人都在做着不同形式的运动。因人而异，人们会选择和热衷于不同的运动方式，当然最起决定因素的就是人的个性特征。

喜爱足球的人。应该是相当富有激情的，对生活持有非常积极的态度，有战斗的欲望，干劲十足。因为那些没有激情的人，根本不能适应足球运动。要知道，足球运动本身就是一项很刺激的运动方式，能让人兴奋。

喜爱排球的人。一般都不拘小节，他们在做一件事情的时候，不在乎结果会是什么样子。但他们做事时的重视程度是常人所没有的。

喜爱网球的人。他们一般具备较高的文化素养，因为网球运动本身就具有贵族的气息和很高的格调，而不是每个人都可以有条件参加的一项运动。喜爱网球运动的人从整体上来说，大多是属于文质彬彬、有涵养的那一种人，他们对自己在各个方面要求都比较严格，要求自己达到一个相对比较高的层次上，有时甚至会力求达到至善至美的境地。

喜爱篮球的人。一般有较高的理想和远大的目标。他们经常对自己充满了信心，希望能够实现自己的远大抱负，希望自己能够比他人出色，总能先别人一步。他们可以做出很大的牺牲和努力，去完成自己想要达到的目标。这其中可能避免不了要遭遇失败，但他们失败以后多不会被击倒，不会一蹶不振、灰心丧气，相反的，他们能够凭借自己良好的心理素质以重新站起来、再接再厉的姿态来面对未来。

喜爱高尔夫球的人。高尔夫球也是地位、财富和身份的一种象征，因此可以说这种运动确实只是贵族才有的一种运动方式。有的人可以喜欢，但他不一定能玩得起，那些能够玩得起的人，大都是具有比较强大的经济实力作后盾的，而其本人也可以称得上是个成功者。这些人之所以能够成功，在于他们具备了成功者必备的宽阔的胸怀、远大的理想，也在于他们那坚强的毅力，以及不达目的不罢休的精神。

喜爱在家运动的人。购买运动器材，在家里做运动的人，可能是个爱冲动的人，因一时冲动，想买运动器材，结果就买了，可结果通常都锻炼不了几回，因为家里事情比较多，比较烦琐，而且他们也没有坚强的毅力。

喜爱在体育馆或俱乐部运动的人。大多比较外向，喜欢和很多人在一起而不是单独一个人。他们会经常参加一些有组织性的活动，而在活动过程中，又能够遵守纪律。这一类型的人有一个最大的特点就是好奇心相对的要严重一些，喜欢打探别人的秘密和隐私。

喜爱慢跑的人。一般来说，性情都是比较温和、亲切的，对人也较热情，他们在很多时候能够和很多的人建立良好的交往关系。他们的心态比较平和，在绝大多数时候能保持冷静，他们没有太大的野心和抱负，比较容易满足现状。

喜爱举重的人。多比较偏重于追求表面化的东西，而忽略一些实质和内涵，他们通常都是很在意他人对自己持什么样的态度的，并可能会为此改变自己，迎合他人。

喜爱竞走的人。喜欢竞走的人，其性格是叛逆的、反传统的，他们喜欢标新立异，尽情地向人展露属于自己的独特的东西。他们的自主意识比较强，不希望被人管制和约束，而渴望自由自在地想干什么就干什么。

喜爱自己编排运动项目的人。生活态度一般来说是比较严肃的，他们做任何一件事情都会非常认真地对待，并且追求高效率、高质量。他们对自己要求比较严格，对他人也同样是。

喜欢边看电视边做运动的人。察言观色和自我意识能力比较强，他们往往是不需要别人说什么话，就能明白自己到底应该做些什么。他们懂得合理安排时间的重要性，所以在珍惜时间方面做得还算不错。

喜爱柔软体操的人。性格并不是特别的坚强，而且生活多没有什么规律，自我约束能力较弱，经常向自己妥协。这一类型的人若想自己今后的生活更好一些，最好的办法就是找一个在自己所存在的缺点方面很强的人来监视和督促鼓励自己。

喜爱边做事边运动的人。多是那种想象力相对较丰富，能把一些枯燥无味的事情变得趣味横生，让人很乐于去做的人。他们善于进行自我开导，有些事情即使十分不愿意去做，也不会有抱怨。相反，他们会克制自己，从而把做不愿意做的事情当成是自我修养、自我改进的训练方式。

喜爱骑自行车的人。相对的头脑要灵活许多，他们做事不会死脑筋，只沿着一条路走，而是在几条路中选择最便捷的一条。他们对新事物的接受能力比较快，好奇心也很强，喜欢去一些未知的领域进行钻研和探索。

喜爱走路的人。把走路当成是一种运动方式的人，他们的为人就和走路一样，既不稀奇也不时髦，但是一直坚持下来，从中受到的益处却是无穷无尽的。他们没有很强的表现欲望，对能够很好地突出自己的事情并没有多大的兴趣。他们只是保持着相对的平稳，做自己该做、能做的事情。他们很有耐心，并且也有信心做好每一件事情。

藏品蕴藏人的心情

保存纪念品对人而言是有着非常重要的意义和作用的，它多是对过去生活的一段总结和记录，会让人在记忆中对这段生活有一个完整的回忆。

珍藏旅游纪念品的人。对自己的追求和理想往往有比较强烈的执着精神，为此可以经受比较严峻的各种挑战而毫无怨言。他们待人比较坦诚，但做事往往欠缺周密的考虑和打算，以至于到最后可能会出现一些不尽如人意的现象。

珍藏旧情书的人。大多怀旧情结比较严重。他们有很多的浪漫情调，并总是在不断地寻找机会以求实现，此外还有一些多愁善感。他们并不坚强，对他人有依赖心理，总是希望自己成为被关心、帮助的对象。

珍藏旧电话号码本的人。他们多是十分看重与人的交往的，对友情十分忠诚。

珍藏旧玩具和旧游戏的人。多玩性较重，他们对生活的态度多是积极和乐观的，即使遇到某些遭遇和变故，也能够及时地开导和调整自己，以快乐的心境来面对。

喜欢收集破器具、旧钉子、生了锈的螺丝钉等东西的人。多具有比较强的宽容力和忍耐力。他们有大公无私的精神，这种精神自然会使他们很容易地就得到他人的赞赏。他们有时候也会伤害到他人，尤其是自己比较亲近的人，他们时常会为了其他人、其他事而忽略了自己的亲人。

珍藏旧书、旧报纸、旧杂志的人。多是很有些文化底蕴的人，他们长时间保持有读书看报的习惯，知识学识比较渊博。这一类型的人常有些自命清高，从不攀附权贵，淡泊名利，有些自以为是，不太容易接受他人的意见和看法。

珍藏注销了的支票和收据的人。多具有较强的组织能力。在为人处世等各个方面比较小心和谨慎，办事脚踏实地，有条有理。但有时会把一些时间和精力浪费在一些小的细节上，这严重地影响了成功的概率和速度。他们具有一定的冒险精神，但却缺乏魄力和勇气将之付诸行动。

喜欢珍藏旧照片的人。有比较强的表现欲望，希望他人能够更多地了解自己，对各种事物的接受能力比较快，即使是很糟糕的事情，他们也会开导自己，让自己逐渐地接受。

喜欢珍藏旧衣服的人。怀旧情结很浓，有些自负，常常自以为是，并且对自己的思想充满自信，寄予很大的希望。

喜欢珍藏婴儿鞋的人。有比较浓厚和强烈的亲情意识，非常爱自己的家人，同时也希望自己能够得到家人的爱。他们对新鲜事物接受起来比较困难，更不会轻易去寻求改变，有时显得很严厉和固执。

音乐与人的个性相通

音乐是全人类共通的语言之一，不用去学习，我们都能自如地听得懂它。生活中到处都能听到音乐，没有音乐的生活会显得特别枯燥和无味。或许每一个人都曾有过在特定心情的时候曾被某一首音乐作品感动得泪流满面过。因为音乐是一种纯感觉性的东西，而从人们听音乐的时候喜欢听哪一类型的，就表明他在这一方面的感觉比较好，而这种感觉很多时候又是这个人心理的真实反映。

喜欢流行音乐的人。简单是流行音乐的主旨，这并不是说喜欢流行音乐的人都很简单，但至少他们在追求一种相对简单和自由自在的生活方式，而让自己轻松快乐一些。

喜欢摇滚乐的人。多是对社会不满，有些愤世嫉俗，他们需要依靠以摇滚的形式来发泄自己心中的诸多情绪。他们会时常感到迷茫和不安，需要有一个人领导着逐渐地找回已经丧失或是正在丧失的自我。他们很喜欢与一些志同道合的人交往，他们害怕孤单和寂寞。

喜欢听古典音乐的人。一般是理性成分占多数的人，他们在很多时候要比一般人懂得如何进行自我反省、自我积累，从而留下对自己非常重要的东西，将那些可有可无的，甚至是一些糟粕的东西抛弃。这样的人大多很孤独，很少有人能够真正地走到他们的内心深处去了解和认识他们，所以音乐在一定程度上成了他们的伙伴。

喜欢乡村音乐的人。多是十分敏感的人。他们对一些问题常会表现出过分的关心，为人多较圆滑、世故、老练、沉稳，轻易不会动怒。他们的性格一般比较温和、亲切，攻击性欲望并不强，比较喜欢一种稳定和富足的生活。

喜欢爵士音乐的人。其性格中感性化的成分往往要多于理性，他们做事很多时候都只是从自己的感觉出发，而往往忽略了客观的实际。他们喜欢自由、无拘无束的生活，希望能够摆脱控制自己的一切。他们对生活往往是追求其丰富多彩，而讨厌一成不变的东西。他们的生活多是由很多不同的方面组成的，而这些方面又总是彼此互相矛盾着，从而给他们在表面上笼罩上了一层神秘的面纱，使他们在人前永远是魅力十足的。

喜欢歌剧的人。其性格中有很多比较传统、保守的成分，他们多是比较情绪化的人，但在大多数时候懂得控制自己的情绪，不会随便地发作。他们做事比较认真和负责，对自己很苛刻，总是要求表现出最好的一面，而努力做到尽善尽美。

喜欢情境音乐的人。情境音乐听起来清脆悦耳，可以让人产生愉快的心情。喜欢情境音乐的人，其大多是比较内向的，他们渴望平静和安宁，而不受到其他人或事的干扰。

喜欢背景音乐的人。想象力是非常丰富的，而他们的生活态度却有点脱离现实而沉于幻想，这就使他们有许多必然的失望。不过还好，他们比较善于自我调节，能够重新面对生活，只不过幻想并没有因此而减少。他们的感觉是相当灵敏的，往往能够在不经意间捕捉到许多东西。

他们乐于与人交往，哪怕是不相熟悉的人。

喜欢颓废音乐的人。大多数具有自卑感，他们的性格从某种程度上来说是比较矛盾的。他们讨厌一个人的孤独和寂寞，渴望与人交往，但他们又很难与人建立起相对良好的交往关系。在这种情况下，他们会产生一种很反叛的心理，颓废音乐正好使这种心理得到了满足。喜欢颓废音乐的人多崇尚暴力，有自我毁灭的倾向。

舞蹈比语言更能透露人的性格

跳舞是人类通过肢体语言进行沟通的方式，它超越了所有的文化，是社会化过程中相当重要的一环。舞蹈就像语言一样，不断演进，同时反映出社会的价值和历史的变迁。一个人跳舞的方式和喜爱的舞蹈，比说话更能透露出一个人的心理特征，这好比人可以用嘴撒一个谎，但是用跳舞来撒谎却是难上加难。

喜欢跳踢踏舞的人。一般精力比较充沛，表现欲望强烈，希望能够引起他人的注意。在遭遇挫折和磨难时，他们能够坚持下来，从而渡过难关。他们的时间观念相对较强，时间对他们而言是相当宝贵的，不会轻易地浪费。并且他们的应变能力比较突出，在面对任何一件比较棘手的事情时，都能够保持沉着冷静，认真地思考应对的策略，懂得怎样进退，以保全自己。

喜欢跳摇滚舞的人。大多数是一些年轻人，毕竟这是一种需要耗费大量体力的舞蹈，人一旦上了年纪，即使是喜欢，也有可能跳不了。无论是喜欢跳的还是只能喜欢而无法跳的，大多是充满了反叛思想行为的人。摇滚常常更容易使人发泄自己心中的任何不满情绪。喜爱跳摇滚舞的人，思想多是比较先进、前卫的，但这些先进、前卫的思想往往又很难被人接受理解，更不要说认可，因此说他们又是相当孤独的一群人。

喜爱跳芭蕾舞的人。一般大多数都具有很强的耐心，能够以最大限度的忍耐性把一件事情完成。同时他们也很遵守纪律，具有一定的组织性，他们有一定的理想和追求，经常会为自己设定下一个目标，然后努力地去完成它们。除此以外，他们的创造性也是非常突出的，常常会有一些与传统背道而驰的惊人之作。

喜欢跳探戈舞的人。其大部分是不甘于平庸的，他们总是追求生活的丰富多彩，最好还要带有一些神秘性。他们很重视一个人的才华和素养，在他们认为，这可能是比其他任何东西都重要的事情。

喜欢跳华尔兹舞的人。多是十分沉着稳重，为人比较亲切、随和，有一定的社会经验和阅历的人。他们精通各种礼仪，深谙人与人之间十分微妙的关系。因此，在为人处世、待人接物等方面，经过时间的磨炼和自我的要求，他们总会表现得十分得体，恰到好处，在无形之中流露出一种成熟而又高贵的气质和魅力。

喜欢跳爵士舞的人。爵士舞基本上来说是属于一种即兴的舞蹈，喜欢这种舞的人，多具有较强的随机应变的能力。他们在为人处世方面多不拘小节，只要能说得过去就可以了，而且具有一定的幽默感，这种幽默感并不是故意表现出来的，而是一种机灵和智慧的自然流露，他们很喜欢和很多人在一起，但如果只是一个人也能够寻找和创造乐趣。

喜欢跳拉丁舞的人。拉丁舞包括了桑巴、恰恰、玛伦给等等，喜爱这些舞的人，多是精力充沛而又魅力十足的，他们有很强的自我表现欲望，希望能够吸引更多人的目光，而实际上，他们也会引起他人的关注。

喜欢跳交际舞的人。大多数很乐意与他人交往，对人与人之间那种相对频繁和友好的互动关系更是情有独钟。他们在为人处世方面多是比较小心和谨慎的，而且具有较强的创造和组织能力。